Giuseppe M. Vatri

Introduzione critica

RITUALE PER OGNI LOGGIA DEI LIBERI MURATORI SOTTO L'OBBEDIENZA DEL GRANDE ORIENTE ITALIANO

Valle di Torino
5862

Associazione Angelo Brofferio 924

Questo lavoro è arrivato in fondo grazie alla fiducia e alla sopportazione di Nanà e di Arduino, ai quali devo anche il tempo impiegato nella revisione del testo e infiniti suggerimenti.

A loro, e all'amico Maurizio, il libro è sottovoce dedicato.

INDICE

PREFAZIONE

La massoneria italiana moderna nacque tra il 1859 – quando l'8 ottobre fu fondata a Torino una loggia con l'intento di essere il nucleo del futuro Grande Oriente d'Italia - e la prima metà del 1862, quando fu costituita definitivamente. I membri fondatori ritennero che alla creazione di una Grande Loggia italiana servissero un atto costitutivo (*Costituzioni della Massoneria Italiana*), che fu approvato il 31 dicembre 1861, la nomina dei membri dell'organismo dirigente (che prese il nome di *Grande Oriente d'Italia*), eseguita il 1 gennaio 1862, un regolamento di attuazione (*Regolamenti Generali dell'ordine Massonico d'Italia*), pubblicato pochi mesi dopo, e il corpo dei cerimoniali, o *Rituale per ogni loggia sotto l'obbedienza del Grande Oriente Italiano*, che vide la luce nel 1862.

La storiografia massonica italiana ha sempre dato un'importanza minore ai documenti regolamentari delle Grandi Logge e ancora minore spazio, per non dire nessuno, ai sistemi cerimoniali; forse perché entrambi sono stati considerati come manifestazioni di vita interna, poco rilevanti per l'attività dell'associazione massonica nei confronti del mondo esterno politico e sociale e per la storia stessa dell'associazione. Così i rituali sono rimasti nelle biblioteche, o sono divenuti oggetto di testi o citazioni inaffidabili.

I rituali, nella tradizione italiana, sono considerati riservati, come "segreto" destinato alle riunioni di loggia. Nel corso del XVIII secolo, la loro circolazione era principalmente affidata a labili copie manoscritte o a stampe "non ufficiali" di dubbia affidabilità. Nel corso del XIX secolo, invece, si diffuse l'uso di predisporne copie a stampa, da distribuire almeno agli ufficiali di loggia per la conduzione cerimoniale della riunione. Fu così che quando la neonata massoneria del Grande Oriente d'Italia si provvide di un sistema rituale "ufficiale", esso fu immediatamente stampato e distribuito.

Il sistema non fu redatto a nuovo, né fu semplicemente tradotto da fonti contemporanee. Questo lo rende particolarmente interessante: esso fu il frutto di una fusione ragionata tra i materiali cerimoniali in uso presso le due Grandi Logge francesi - a testimonianza di un robusto legame politico e ideale e di un passato massonico comune (il Piemonte era stato direttamente annesso alla Francia nel periodo Napoleonico) - e del loro adattamento alla nuova situazione italiana. Insomma, l'opera autonoma di una massoneria autonoma.

Oltre il loro contenuto immediato, questi rituali sono poi interessanti perché accompagneranno la vita dei massoni del Grande Oriente d'Italia, magari con qualche revisione minore, fino all'autoscioglimento del

1925 e poi ancora, alla ripresa del dopoguerra, quando finiranno sovraccaricati di nuove letture "esoteriche". Così quei rituali lasceranno la loro impronta nelle interpretazioni, nel linguaggio e nel sentire comuni dei massoni italiani, anche di quelli contemporanei.

Infine, è tempo che sia abbandonata una volta per tutte la riservatezza che sembra circondarli. Da una parte perché Grandi Logge di importanza storica, come la Gran Loggia Unita d'Inghilterra, da tempo non si oppongono alla loro pubblicazione, ritenendo che debbano rimanere riservate solo le parole d'ordine e i segni di riconoscimento tradizionali. Dall'altra parte perché i rituali, in verità, sono sempre mandati a stampa per circolazione riservata, ma finiscono ampiamente disponibili nelle biblioteche pubbliche. L'idea di "segreto" è perciò del tutto priva di significato pratico, mentre il testo dei rituali stessi dovrebbe utilmente essere aperto a chiunque se ne voglia interessare.

Il testo che ripubblichiamo è disponibile in due biblioteche pubbliche italiane, la Biblioteca Casanatense di Roma e la Biblioteca Universitaria di Napoli. Per rendere più scorrevole la lettura, abbiamo reso in chiaro le tradizionali abbreviazioni massoniche.

UN PICCOLO GLOSSARIO

———————— ————————

Il parlare massonico impiega termini tradizionali, che possono risultare oscuri. La gran parte della terminologia proviene dalle strutture di mestiere inglesi, cui le prime logge volevano richiamarsi. Il glossario che segue spiega i termini più impiegati nei documenti che pubblichiamo.

Massone è un francesismo, ormai entrato nell'uso italiano, per *maçon*, *muratore* o lavoratore edile. Il nome inglese d'origine è *free-mason*, *libero muratore*, ripreso nel francese del 1738 come *frey-maçon*. Di conseguenza, *massoneria* e *frammassoneria*. I massoni si ritengono in rapporto di fratellanza e si chiamano reciprocamente *fratelli*.

La *loggia* – nella tradizione francese chiamata anche *tempio* - è il luogo dove si riunisce un gruppo di massoni; ma indica anche il gruppo di muratori in quanto associazione. Le logge sono tra loro federate attraverso un organismo nazionale di rappresentanza e governo. La federazione di logge si chiama *Grande Loggia* o *Grande Oriente*; di norma vi sono più Grandi Logge o Grandi Orienti in ogni nazione. *Grande Oriente* o *Grande Loggia* designa anche, in alcuni sistemi regolamentari, l'organo esecutivo della federazione di logge. Una loggia (o tempio) si dice *tegolata* (da tegola) o *coperta* quando è sorvegliata, cioè quando è impedito l'accesso agli estranei, chiamati nella tradizione francese *profani*. Una riunione massonica, o *tenuta di loggia*, può tenersi tanto in un locale dedicato quanto in uno spazio adattato (come una sala d' albergo).

Una loggia è presieduta da un *Maestro in cattedra* o *Maestro venerabile* o semplicemente *Venerabile*. Il presidente è assistito da due *Sorveglianti* (*primo* e *secondo*, o *senior* e *junior*). Gli altri ufficiali della loggia, non sempre uniformemente presenti in tutte le tradizioni massoniche, hanno nomi e compiti che sono talora funzioni associative, talora funzioni cerimoniali. Tra questi un *Segretario*, un *Tesoriere*, un *Oratore* (che si incarica di interpretare e sorvegliare all'applicazione dei regolamenti), un *Ospitaliere* (che prende cura dell'aiuto ai membri in difficoltà e della raccolta della beneficenza, detta a sua volta *tronc de la veuve*, o *cassetta della vedova*), un *Cerimoniere* o *Maestro delle cerimonie*, un *Copritore* o *Tegolatore* (che si incarica di impedire l'accesso ai profani), un *Esperto* o *Terribile* (incarico cerimoniale, che consiste nell'occuparsi, magari con atteggiamento solenne, del candidato all'ammissione alla loggia) e così via.

Il cerimoniale di ammissione ai gradi si chiama *ricevimento* (per l'Apprendista), *passaggio* (Compagno) e *elevazione* (Maestro); nella massoneria moderna di ispirazione francese, è in uso per ogni grado il termine *iniziazione*. Ogni grado ha i suoi *modi di riconoscimento* più o meno riservati; essi sono composti da *parole d'ordine*, da *segni* e da *strette di mano* (alla francese, *toccamenti*).

Il posto del Maestro Venerabile si dice *Est* o *Oriente* della loggia; sulla base di ciò, gli altri lati sono chiamati come punti cardinali – *Ovest* o *Occidente*, *Sud* o *Meridione*, ecc. Un tempo, all'apertura della riunione, i presenti si disponevano in due file o *Colonne*, il cui controllo era affidato a ogni Sorvegliante; con lo stesso nome si indicano la serie di posti a sedere ai due lati della loggia. Gli oggetti emblematici, e termini di allegoria morale, della massoneria, variano nelle diverse Grandi Logge e sono quasi tutti provenienti dai repertori di emblemi del mestiere edile pre-moderno. Fondamentali sono il *Compasso*, la *Squadra* e la *Bibbia*; ma anche le due *Colonne* che erano state poste da Salomone all'ingresso del primo *Tempio di Gerusalemme*, nel cui spazio sono collocate le tradizionali narrazioni massoniche. Universali sono il *filo a piombo*, l'*archipendolo* o *livella*, la *riga per misurare*; e così via. Talvolta ricchissime raccolte di tali emblemi si trovano rappresentate nei *Quadri di Loggia*, che sono esposti in loggia e rappresentano sinteticamente immagini e narrazioni del grado.

Mentre il primo e il secondo grado (Apprendista e Compagno) si fondano su allegorie ed emblemi attribuiti a un mestiere edile idealizzato, il terzo grado (Maestro) è costruito sulla *leggenda di Hiram*. Hiram è citato nella Bibbia come artigiano-artista nella costruzione del Tempio di Salomone «Il re Salomone mandò a prendere da Tiro Chiram, figlio di una vedova della tribù di

Nèftali; suo padre era di Tiro e lavorava il bronzo» (1Re 7,13). Nella leggenda del terzo grado, Hiram diventa l'architetto costruttore del Tempio di Salomone. Hiram, avendo rifiutato di rivelare la parola d'ordine dei maestri a tre cattivi compagni, è da essi ucciso; il suo corpo, nascosto dagli assassini, è cercato e trovato dai colleghi del mestiere. Intorno a questa leggenda sono appunto costruite le allegorie del terzo grado.

COS'È UN «RITUALE MASSONICO»?

——————— ———————

Semplicemente, è il cerimoniale con il quale sono condotte le riunioni. L'ordine della riunione e le sue procedure, quantomeno per i momenti ed i contenuti fondamentali, sono regolati e narrati da un "rituale".

In realtà, la parola "rituale" non fu usata per una buona metà della storia della massoneria: in Francia, per esempio, si continuò a impiegare «quaderno di grado» anche quando i gradi erano parte di un sistema cerimoniale complessivamente chiamato *rite*, rito. Un illustre vocabolario della lingua italiana individua per il sostantivo «rituale» tre significati:

- l'insieme di un certo rito religioso e delle sue prescrizioni; per estensione il libro che le contiene; per estensione un insieme di prescrizioni civili o consuetudinarie;
- un comportamento complesso dotato di un significato specifico nella comunicazione sociale;

• un insieme di atti stereotipi eseguiti ripetitivamente come difesa dall'angoscia.

Solo a partire dalla metà dell'ottocento si è affermato, in analogia con il primo significato di sopra, l'uso del sostantivo *rituale* per indicare le prescrizioni per le diverse procedure di loggia (apertura della riunione, ammissione, ecc.).

In generale, esiste un rituale per ognuno dei gradi – i primi tre fondamentali di Apprendista, Compagno e Maestro e gli eventuali altri gradi aggiuntivi. Un rituale massonico consiste nella cerimonia di ammissione ad un certo grado e contiene:

1) le procedure per l'apertura e la chiusura della riunione;
2) le procedure per l'ammissione e per il passaggio ai gradi successivi;
3) la comunicazione dei modi di riconoscimento tradizionali;
4) una certa quantità di insegnamenti sulla massoneria in generale, sul grado praticato, sul significato degli emblemi e delle allegorie adottati;
5) istruzioni sull'arredamento del locale di loggia e sugli abiti cerimoniali;
6) più raramente, alcune procedure di società, come i brindisi di banchetto.

La massoneria ebbe origine in Gran Bretagna nei primi anni del settecento o poco prima; la data ufficiale è il 1717, quella della costituzione di uno strumento federativo tra logge già esistenti, che prese il nome di *Gran Loggia di Londra e di Westminster*. Per quanto è documentato, il centro del fenomeno massonico, fin da allora, era la riunione dei membri della loggia in forma di riunione di club. I "club massonici" adottarono e tennero segreti, trovandovi una chiave di successo, dei cerimoniali che intendevano richiamare o ripetere poche e fondamentali pratiche di antiche società di mestiere inglesi; in particolare quelle edili. Quei cerimoniali d'origine furono successivamente coordinati, ampliati e messi a punto, grazie anche all'adesione alle logge di personaggi di una certa rilevanza culturale e sociale. Un primo consolidamento si ebbe già tra il 1725 e il 1730 e si rivelò nella stampa di una "messa in piazza" (rivelazione pubblica di pratiche riservate, detta *exposure*) di un cerimoniale del tempo, che proprio per trovarsi in forma stampata finì per diventare il cerimoniale di riferimento tra i massoni.

A partire da quel nucleo cerimoniale già ben articolato, si svilupparono sistemi rituali progressivamente più complessi, incorporando tradizioni più antiche (vere o presunte) o visioni e comportamenti locali. In Francia, per esempio, alle radici inglesi si mescolò «il patrimonio delle antiche sociabilità francesi» (Mollier 2004, 29). Dopo decenni di pratiche incerte, il *Grande Oriente di Francia* stabilì i propri tre gradi moderni nel 1785, frutto di un grande lavoro di sintesi e coordinamento. La massoneria francese creò cerimonie complesse e immaginifiche, assai lontane dalle tracce originarie. Nel seguito, anche quei cerimoniali ebbero adattamenti allo spirito del tempo: così fu, per esempio, con le revisioni del 1858, del 1887, del 1907, e così via, che comparvero in significativi momenti della storia francese. Ogni rituale è perciò il frutto di successivi adeguamenti alle situazioni sociali e ai loro conflitti, che i massoni operanti in quel momento storico hanno ritenuto di inserire per interpretare la massoneria o il senso della propria partecipazione nella massoneria. Senza dimenticare che la nascita di nuovi sistemi massonici ha spesso dato origine a innovazioni cerimoniali: i rituali sono stati intesi anche come strumento di individuazione o di differenziazione competitiva tra Grandi Logge.

Di conseguenza, i rituali differiscono, spesso non di poco, nelle versioni costruite o adottate nelle diverse tradizioni massoniche o presso le diverse Grandi Logge. Si comprende perciò come essi costituiscano, insieme con il corpo regolamentare, la struttura portante di una Grande Loggia e della sua tradizione.

INTRODUZIONE

Quasi nulla è noto del processo che condusse all'elaborazione dei rituali italiani. Il bisogno di un sistema "ufficiale" era percepito: l'art. 49 della Costituzione del 1862, dispone affinché

> Il primo Grande Oriente creato a norma delle presenti costituzioni decreterà egli stesso per delegazione dell'assemblea un regolamento generale e il rituale generale dell'Ordine

Un sintetico racconto proviene da alcune note inserite nei verbali del Grande Oriente dopo la chiusura della prima Costituente (1 gennaio 1862). Il verbale del 14 marzo 1862 riporta come il redattore incaricato, l'avvocato Carlo Elena, dovesse ancora metter mano al lavoro; quello del 4 aprile seguente riporta la deliberazione di scrivere allo stesso per raccomandargli il lavoro, mentre il 25 aprile Felice Govean (1819-1898) e Carlo Michele Buscalioni (1824-1885) riferiscono «di essere stati dal Grande Oratore Elena, di averne ritirati i (sic) schemi già inoltrati dal medesimo e che si porranno all'opera essi stessi». Infine il 13 maggio Celestino Peroglio (1824-1909), che evidentemente ha assunto l'incarico del lavoro, riferisce sull'andamento della redazione e il 30 assicura la consegna dei testi ultimati per la riunione seguente; come ultimo atto, l'11 di luglio i rituali sono approvati e se ne delibera la stampa e la diffusione alle logge. Il cerimoniale fu stampato sotto il titolo di "Rituali Massonici", con la sola indicazione "Valle di Torino/1862".

Al momento della fondazione del Grande Oriente Italiano furono riunite logge attive da pochissimo tempo quando non fondate al momento. Non sappiamo quali rituali adottassero; al contrario, sappiamo che in molti casi ne fecero a meno. In considerazione dei ricordi delle Grandi Logge del periodo napoleonico e della vicinanza materiale e ideologica con la Francia, è assai probabile che si impiegassero cerimoniali francesi. Una testimonianza diretta proviene dal Grande Oriente italiano: pochi mesi dopo la propria fondazione, la loggia d'origine decide di costituirsi immediatamente in Grande Oriente nazionale: «Deliberarono che oggi dovesse ritenersi costituito il G(rande) O(riente) d'Ausonia, rito Francese» (Novarino 2003, 49)

Che cosa significhi "rito francese" non è chiaro. Marco Novarino (Novarino 2003, 49) ritiene si volesse intendere «una struttura organizzativa simile a quella del Grande Oriente di Francia composta da logge, che praticavano i primi tre gradi simbolici, riunite in un organismo nazionale denominato Grande Oriente...». È vero che fino al 1845 vi sono tracce dell'impiego del termine *rite français* per intendere l'intero sistema del Grande Oriente di Francia (Mollier 2004, 105); si deve però guardare all'utilizzo francese della parola *rite*, che dagli inizi del XIX secolo intende con una certa precisione il *sistema rituale*, in particolare con l'uso dell'aggettivo *français* per indicare quello del Grande Oriente di Francia. Inoltre, la Costituzione e Regolamento Generale del neonato Grande Oriente italiano descrivono con chiarezza i termini: «Il modo d'ammissione sarà determinato dai regolamenti e dai rituali» (Costituzione art. 16). Perciò sembra più esatto ritenere che l'espressione *rito francese* comprendesse anche il sistema rituale, se non volesse riferirsi esclusivamente a quello.

Del resto, che l'attenzione alla massoneria francese fosse costante appare anche dal sistema normativo del primo Grande Oriente d'Italia, che fu costruito sul modello immediato di quello del Grande Oriente di Francia, nelle successive versioni del 1849 e del 1854 (Novarino Vatri 2009).

I MODELLI CERIMONIALI FRANCESI

La tradizione francese si fondava, all'epoca, su due sistemi rituali concorrenti. Di maggiore rilevanza era quello del Grande Oriente di Francia. Il Grande Oriente era nato dalla rifondazione della massoneria francese dopo gli anni di confusione che avevano chiuso l'esperienza della prima Grande Loggia di Francia (1738-1773). Il nuovo organismo era maggioritario e centralizzato e presto decise di uniformare anche il proprio sistema cerimoniale, riformando e fissando nel 1785 i rituali dei primi tre gradi. Fu un lavoro fondamentale, che condusse alla stabilizzazione delle cerimonie francesi, raccogliendo molto bene tutta la precedente ritualità, completandola dove fosse debole (per esempio nella procedura del secondo grado) e aggiungendo precise guide anche per momenti non strettamente rituali (votazioni, banchetti, ecc.). A completamento dei primi tre gradi, furono sviluppati altri quattro "ordini" (gradi), destinati a condensare l'esperienza francese dei gradi superiori. Distribuito con quaderni manoscritti, il rituale dei primi tre gradi venne stampato (senza sanzione ufficiale) nel 1803 come *Régulateur du maçon*, e poi ancora altre due volte negli anni seguenti, ottenendo una grandissima diffusione. Una nuova versione dei rituali fu promulgata nel 1858. Per i primi tre gradi, tuttavia, presentava solo modifiche marginali concentrate su una maggiore presenza di richiami al Grande Architetto dell'Universo e su una fraseologia più moralizzante.

E' difficile pensare che a disposizione dei membri delle prime logge torinesi (giacché il lavoro di redazione fu compiuto a Torino) non ci fossero quei documenti; soprattutto ricordando che il Piemonte in tempi napoleonici era stato annesso all'impero francese e la massoneria si trovava sotto la giurisdizione unica del Grande Oriente di Francia. Erano passati 45 anni, ma certamente dovevano essere residuati memorie e documenti—Filippo Delpino (1779-1860), per esempio, massone in quegli anni, era già più che trentenne alla caduta di Napoleone. Tenendo poi in considerazione la vicinanza materiale, economica e culturale con la Francia di Napoleone III - basta pensare agli interventi del Gran Maestro Lucien Murat (1803-1878) in sedi massoniche a favore della causa piemontese - si può immaginare che anche la versione rituale del 1858 fosse facilmente reperibile.

Di importanza e diffusione minore era il Rituale del Supremo Consiglio di Francia. Nei primissimi anni dell'ottocento, a seguito delle sconfitte nelle Antille, erano rientrati in Francia alcuni massoni praticanti un sistema rituale in trenta gradi (successivi ai tre fondamentali, che rimanevano quelli della Grande Loggia del luogo), che ebbe poi a autodefinirsi Rito Scozzese Antico e Accettato. Questa sistema rituale, anche se completato e messo definitivamente a punto in America, era costituito da una collezione di gradi già ben presenti e praticati in Francia a metà del XVIII secolo, conosciuti come "gradi scozzesi". Il sistema era governato da *Supremi Grandi Consigli del 33mo grado*, il primo dei quali fondato a Charleston 1801, e il terzo a Parigi nel 1804. Per porsi su un piano di parità con i sistemi francesi del tempo, il sistema elaborò un proprio rituale dei primi tre gradi. Prendendo come base il rito francese, furono recuperate forme e tradizioni specifiche dei sistemi scozzesi pre-rivoluzione, fondendole con elementi rituali *Ancient* inglesi. Dunque il neonato sistema poteva offrire insieme sottolineatura delle tradizioni passate e adozione delle pratiche moderne, trovando un proprio spazio. I rituali, rimasti per un quindicennio solo in forma manoscritta, furono mandati a stampa, senza sanzione ufficiale, intorno al 1821, in prossimità della rifondazione post-napoleonica del Supremo Consiglio di Francia, sotto il titolo di *Guide du maçon écossais*. La stampa non pare fosse mai ripetuta, a testimonianza della loro scarsa diffusione. Solo nel 1858 a Le Havre (a cura della loggia *Olivier écossais*, Supremo Consiglio di Francia), comparve una guida rituale "integrativa" sempre sotto il titolo di *Guide du maçon écossais*. Questa piccola guida non conteneva i cerimoniali di ammissione ai gradi, ma solo procedure di apertura e chiusura delle riunioni, istruzioni a catechismo che presentano interessanti innovazioni, insieme con alcuni regolamenti, canti, e così via.

Il sistema rituale del Supremo Consiglio di Francia era sicuramente transitato per il regno Cisalpino durante gli anni napoleonici, che avevano visto la costituzione a Milano di un Supremo Consiglio del 33mo Grado (1805). Anche in questo caso, più di una memoria doveva essere stata conservata, anche se nulla impedisce di pensare che versioni dei cerimoniali manoscritte o a stampa fossero disponibili ai redattori torinesi.

LA COSTRUZIONE DI UN RITUALE ITALIANO

Diciamo subito che le somiglianze testuali, quando non le strette corrispondenze, indicano che *il modello di riferimento per i testi rituali fu quello della fonte scozzese*. (In appendice si trova un confronto puntuale per il nucleo della cerimonia di ammissione al grado di apprendista).

Entrambe le fonti, anche come conseguenza della precedenza e dell'influenza della prima (francese) sulla seconda (scozzese), sono organizzate secondo un indice simile:

· Una breve introduzione generale;
· La sezione di primo grado, composta a sua volta da:
    · una premessa che determina la procedura da seguire per la proposizione, l'esame e la decisione di ammissione di un Candidato (assente nella fonte scozzese);
    · una seconda premessa che descrive la stanza delle riflessioni;

- le procedure di approvazione del verbale e di ricevimento degli ospiti;
- la cerimonia vera e propria, con apertura, ricevimento e chiusura dei lavori;
- l'istruzione a catechismo;
- La sezione della tenuta di banchetto;
- La sezione di secondo grado, composta a sua volta da:
  - una premessa che determina la procedura da seguire per la proposizione e la decisione di ammissione di un Candidato e altri elementi collegati all'apertura (assente nella fonte scozzese);
  - la cerimonia vera e propria, con apertura, ricevimento e chiusura dei lavori;
  - l'istruzione a catechismo;
- La sezione di terzo grado, composta a sua volta da:
  - una premessa che determina la procedura da seguire per la proposizione e la decisione di ammissione di un Candidato e altri elementi collegati all'apertura (solo destinata a elementi essenziali di grado nella fonte scozzese);
  - la cerimonia vera e propria, con apertura, ricevimento e chiusura dei lavori;
  - l'istruzione a catechismo.

Un primo confronto con il rituale italiano può essere condotto proprio sulla struttura. Le differenze sono illuminanti:

1) entro l'introduzione generale, sono riportate le indicazioni fondamentali per la preparazione della loggia (assenti nei quaderni scozzesi e oggetto in un quaderno separato in quelle francesi) e le norme di comportamento e di svolgimento della

riunione, per buona parte un riassunto dei Regolamenti del 1862 del Grande Oriente d'Italia;

2) premesse e introduzioni di grado sono assenti, in conformità con il modello scozzese;

3) non compaiono né le istruzioni a catechismo, né altre premesse;

4) vi è una sezione sull'alfabeto cifrato massonico e sulle parole d'ordine.

Possiamo trarre una prima conclusione. Il redattore ha scelto di radunare più razionalmente in unico volume il cerimoniale, la preparazione dei locali dedicati e ogni altro contenuto. Da questa sintesi sono state espunte le procedure di ammissione e votazione dei candidati (probabilmente perché già ampiamente dettagliate nei Regolamenti) e, elemento assai più importante, i *catechismi*, le istruzioni rituali per tutti e tre i gradi. A questa scelta non è facile trovare una spiegazione, se si osserva che ancora i rituali francesi contemporanei li riportano per esteso. Una possibile interpretazione c'è. Le istruzioni nella fonte scozzese sono piuttosto lunghe e spesso non coerenti con la cerimonia che intendono rappresentare, principalmente perché furono all'inizio trapiantate da documenti inglesi a ritualità francesi. Assai probabilmente, cancellarle fu una scelta di *abbreviazione rituale* fondata sulla *razionalizzazione* (non ripetizione e coerenza). Il prezzo fu qualche residua incoerenza: l'apertura di primo grado, per esempio, o il ricevimento al secondo, contengono un riferimento a un "catechismo" per l'istruzione dei presenti, non meglio specificato. D'altra parte, nel 1862, nei primi verbali del Grande Oriente, per due volte si delibera la ristampa di «catechismi» in fascicoli divisi per grado: un gruppo di istruzioni era perciò disponibile in lingua italiana. Si trattava forse delle istruzioni della *Guide des maçons écossais* del 1858, che abbiamo già incontrato a proposito del cifrario massonico? Potrebbe darsi, allora, che il redattore - considerandole per il loro contenuto *non essenziali alla cerimonia massonica* - abbia scientemente preferito tenerle fuori, scelta che sarà mantenuta anche nel futuro.

La modernizzazione della fonte scozzese

All'esame più dettagliato, il lavoro di redazione mostra due obiettivi principali. Prima di tutto, quello della modernizzazione, laddove il rituale di origine richiede operazioni che il redattore percepisce come antiquate o potenzialmente fuorvianti. Per esempio, il Candidato al ricevimento in primo grado è introdotto nel locale della loggia dal Terribile, il quale «gli benda gli occhi», e lo conduce «per un laccio di corda che gli pone al collo»; una opportuna nota ricorda che

> altrove si usa pure di torgli di dosso ogni metallo, scoprirgli la mammella e il braccio sinistro e il ginocchio destro, e fargli calzare una pantofola dal piè sinistro.

Sempre al tempo dell'ingresso nella loggia, il Candidato viene fatto passare «pertutto, ove ha da passare un mortale, che brama conoscere i nostri secreti». Di nuovo una nota ricorda che

> Altrove si pratica di condurre il Profano nell'atrio, poi fargli far due o tre giri sopra se stesso per disorientarlo. In seguito è ricondotto all'ingresso del Tempio, che il Fratello Esperto avrà spalancato. Alquanto innanzi sarà stato un gran

quadro, il cui vuoto è coperto di più strati di carta assai forte. Qui il Fratello Terribile esclama: che debbo io far del Profano? Ed il Venerabile: introducetelo nella caverna. Alle quali parole due Fratelli lanciano con violenza il Profano contro il quadro, la cui carta, lacerandosi, gli dà il passaggio. Due altri Fratelli lo ricevono sulle braccia intrecciate. Si chiudono fortemente le due imposte della porta del Tempio. Un anello di ferro fatto scorrere più volte su una sbarra dentata dello stesso metallo simula il rumore di un serrame...

Il redattore, perciò, rigetta soluzioni che in qualche modo considera non più adatte al tempo o al luogo ove si eserciterà la nuova massoneria italiana.

Quando incontra un passaggio nel quale al Candidato si dice:

L'Ordine nel quale voi sollecitate l'ingresso potrà forse esigere da voi che voi versiate fino alla ultima goccia del vostro sangue. Se vi sentite il coraggio di offrirvi in olocausto, dovete darne assicurazione; ma non con delle promesse verbali. Sarà con il vostro proprio sangue versato oggi che tutte le vostre promesse dovranno essere sigillate...

e immediatamente (il Candidato è bendato) gli si fanno percepire le sensazioni di un finto salasso, sostituisce domanda e operazione con:

La Società, nella quale chiedete essere ammesso, potrebbe richiedere che voi versaste fino all'ultima stilla di sangue. Ci sareste voi disposto? Ho molto caro che così sia, poiché, rammentate bene, che se l'Assemblea in mezzo alla quale vi trovate, non è disposta, come potete ben credere, a torvi la vita; ben può darsi il caso che voi abbiate ad arrischiarla per salvare un Fratello...

e in calce inserisce la nota

Altrove si pratica altrimenti. Se il Candidato risponde d'esser disposto a dare il suo sangue, il Venerabile impone al Fratello Chirurgo [...] di fare il suo dovere. Questi benda il braccio al Profano, quindi glielo graffia alquanto con uno stuzzicadenti, perché creda d'essere davvero salassato.

aggiungendo:

La Massoneria Italiana non crede di rendere comune questa prova per non dare al Recipiendario, che per caso si ritirasse in seguito, la falsa idea, che essa sia per chiedere per capriccio e con leggerezza il sangue dei Fratelli.

In questo caso, la scelta di modernizzazione è modellata sul quasi contemporaneo rituale francese del 1858: dopo aver domandato al candidato se sia disposto a firmare con il sangue la sua (autografa) obbligazione al segreto, alla risposta affermativa il Venerabile dichiara «prendiamo atto della vostra promessa e ne esigeremo l'esecuzione quando sarà necessario».

Il contributo della fonte francese

Un secondo obiettivo del nostro Redattore è senz'altro quello di *alleggerire i rituali* da elementi che forse sono percepiti come inutili o ridondanti; in particolare, incidendo sul secondo e terzo grado e avendo di fronte la fonte francese.

Nella cerimonia di ricevimento al secondo grado, per esempio, pressoché identica in entrambe le fonti, si segue lo stile francese: scompaiono le domande che ritmano i cinque viaggi del candidato, a favore di brevi lezioni sul significato degli oggetti emblematici di volta in volta condotti dal candidato (martello, scalpello, regolo, compasso, etc.); così come scompaiono anche le domande di "catechismo" all'inizio della cerimonia, sostituite da una indicazione per il Venerabile di fare «al Candidato varie questioni sul Catechismo del primo grado». Lo stesso accade nel terzo grado: la fonte scozzese riunisce la leggenda dei dodici compagni inviati alla ricerca degli assassini con quella dei nove compagni mandati alla ricerca del corpo di Hiram, mentre il rituale italiano opta per il modello francese, narrando la sola parte della ricerca del corpo e raggiungendo il duplice obiettivo di rendere l'insieme più coerente e più breve.

Altri elementi rinviano direttamente alla fonte francese del 1803. Il confronto tra le prime righe, fatta la tara dei sessanta anni trascorsi, è illuminante:

> Una Loggia è un'Assemblea d'uomini virtuosi e liberi, e per conseguenza rispettabili. Ognuno debbe studiarsi di meritare la stima della Società, ond'egli è membro; ed il modo meglio acconcio ad ottenerla è quello di osservare esattamente la legge, alla quale è sottoposto in virtù del giuramento dato. Quella della Massoneria ha per base l'onore, la decenza e l'umanità. (Rituale italiano 1862)

L'Ordine dei Liberi Muratori è una associazione di uomini saggi e virtuosi, il cui scopo è quello di vivere nella perfetta uguaglianza, di essere uniti intimamente da legami di stima, di fiducia e di amicizia, sotto il nome di fratelli, e di stimolarsi reciprocamente nella pratica delle virtù. (Rituale francese 1803)

Infine, nella stanza delle riflessioni vi sono alle pareti scritte intese a richiamare l'attenzione del candidato: cinque su sei provengono alla lettera dalla fonte francese. Lo stesso è per le tre domande cui il candidato deve rispondere (tranne che alla prima, dove il «dovere verso la patria» si sostituisce a quello «verso Dio») nel suo "testamento".

Tonalità contemporanee...

La cerimonia del ricevimento al terzo grado è, un poco a sorpresa, conclusa da una interpretazione della vicenda di Hiram in chiave di mitologia solare. La provenienza delle ispirazioni "ermetizzanti" e della mitologia solare, si trova nelle istruzioni rituali (distribuite come quaderni manoscritti) in uso dagli anni '40 presso il Supremo Consiglio di Francia, testimonianza di una mutazione nel sentimento massonico scozzese. Nel nostro caso, la fonte immediata sembra essere quella delle istruzioni della *Guide du maçon écossais* del 1858, che richiamano allegorie solari in ogni grado. In particolare, nell'istruzione di terzo grado si trova questo dialogo:

D. Come siete venuto a conoscenza dell'avvenimento funesto che spezzò la vita del nostro illustre maestro [Hiram]?

R. Dalle tradizioni di quelli che ci hanno preceduto.

D. Quella storia nasconde per caso qualche mistero?

R. Lo penso anch'io. Il libro antico [la Bibbia] che parla del nostro rispettabile maestro Hiram, non fa infatti alcuna menzione della sua fine.

D. Cosa potrebbe dunque significare questa storia di Hiram?

R. Penso che in verità questa storia sia una allegoria del viaggio del Sole nei segni inferiori ne tre mesi che passano dall'equinozio d'autunno e che questi tre mesi siano i cospiratori, causa immediata della sua fine apparente al solstizio d'inverno.

D. A quali circostanze collegate tutto ciò?

R. Il Sole, in questa epoca di lutto per tutta la natura, sembrava voler lasciare per sempre il nostro emisfero; tuttavia lo si vede presto risollevarsi, ritornare verso l'equatore riapparire in tutto il suo splendore – e allo stesso modo noi vediamo il nostro maestro Hiram sfuggire dal braccio della morte e tornare a una nuova vita...

Il redattore del rituale italiano ha forse ritenuto che la narrazione solare fosse una più attuale e più corretta spiegazione della vicenda di Hiram?

...e antichi ricordi

All'apertura in terzo grado, compare un dialogo davvero inaspettato:

Rispettabile Venerabile Primo Sorvegliante: ora che la parola è ritrovata, che ci rimane a fare?

1 Sorvegliante Disegnare i piani, che debbono servire di modello ai Lavoranti.

Risp. Con che dobbiamo noi lavorare?

1 Sorv. Colla creta, con un vaso, e del carbone.

Risp. Che significano queste tre cose?

1 Sorv. Zelo, fervore e costanza.

«Creta – vaso – carbone» e «zelo – fervore – costanza», privi di riferimenti nelle fonti francese e scozzese, provengono probabilmente dal *Cathéchisme des Francs-Maçons* del 1740-44 (pag. 58):

D. Con che cosa avete lavorato?

R. Con il gesso (o creta), il carbone e il vaso di terracotta (terrina).

D. Che cosa significa il gesso (o creta)?

R. Zelo.

D. Che cosa significa il carbone?

R. Fervore.

D. Che cosa significa il vaso di terracotta?

R. Costanza.

Al quale sembra richiamare la nota al rituale italiano:

Questo modo d'aprire la Loggia dei Maestri fu scrupolosamente osservato dagli antichi Venerabili, ma debbesi confessare, a scorno degli ultimi Gran Maestri, che molti tra loro avendo trascurato d'istruirsi nei veri Statuti, si attennero alle false istruzioni, e nelle quali non è fatta parola di questa apertura di Loggia.

Si è spinti a pensare che proprio quell'antica traccia sia stata ripresa e inserita, forse perché rimasta nella memoria, o forse perché legata a una fonte manoscritta differente dalle nostre fonti a stampa. Un'altra traccia di antiche memorie massoniche si trova nel quadro di loggia descritto all'inizio e poi spiegato al termine del ricevimento a Compagno. A meno del «regolo quadrato a 24 divisioni» che sostituisce l'originale lettera G, il quadro corrisponde esattamente a quello fornito ne *L'ordre des Francs-Maçons trahi* del 1745 come «Vero tracciato della loggia di Apprendista e Compagno». Infine, la «chiave dell'alfabeto massonico» riportata nel nostro rituale, corrisponde ancora esattamente a quella de *L'ordre des Francs-Maçons trahi* del 1745. Entrambe le opere francesi avevano avuto, naturalmente, numerose edizioni per tutto il XVIII secolo.

Un rituale autonomo per una massoneria autonoma

Dunque, il nuovo rituale del Grande Oriente d'Italia non fu una creazione originale, né tantomeno fu preda delle incombenti (dalla Francia) tentazioni ermetiche o delle possibili aperture politiche del momento. Esso fu il frutto di un concreto lavoro di modernizzazione e di razionalizzazione dei due modelli provenienti dalla massoneria di Francia, che furono fusi traendone i contenuti ritenuti migliori ed eliminandone eventuali lungaggini e incoerenze. Un lavoro rispettoso della storia massonica europea e contemporanea, ma anche pronto a accettare momenti di qualche più antica tradizione d'uso italiana.

Ai redattori del testo dobbiamo dare credito di avere composto un testo di valore, dando origine a un prodotto originale e autonomo, adatto a costituire il lato rituale del nuovo organismo massonico nazionale. Tanto è vero che, per tutta la loro storia, i rituali del Grande Oriente d'Italia sono rimasti ancorati al quel fondamento del 1862.

RITUALE
PER OGNI LOGGIA
DEI LIBERI MURATORI
SOTTO L'OBBEDIENZA
DEL GRANDE ORIENTE
ITALIANO

PREFAZIONE

———————— ————————

Una Loggia è un'Assemblea d'uomini virtuosi e liberi, e per conseguenza rispettabili. Ognuno debbe studiarsi di meritare la stima della Società, ond'egli è membro; ed il modo meglio acconcio ad ottenerla è quello di osservare esattamente la legge, alla quale è sottoposto in virtù del giuramento dato. Quella della Massoneria ha per base l'onore, la decenza e l'umanità. Non dirò dei costumi. Dir Libero Muratore è quanto dir uomo onesto, e tutti gl'Iniziati hanno a persuadersi che un tal nome è pieno di senso; dacché ha in sé l'idea di suddito fedele alle patrie leggi, di buon figlio, buon padre, buon marito, e di amico perfetto. Chi fosse tanto vile da venir meno a sé stesso altro non debbe aspettarsi dalla Massoneria che umiliazioni, giacché essa non conosce castighi. Egli è ben vero che non uccide né imprigiona alcuno; ma lo nota d'infamia e lo abbandona.

La decenza è una virtù inseparabile da un'anima ben fatta. Se la nascita e il grado nulla sono appo il

Franco Muratore, l'educazione vi è in gran pregio. Fa sempre mestieri essere vestito decentemente senza sfarzo, e di non pronunciar mai parola, che sia contraria alla più squisita gentilezza ed onestà. In una parola la Massoneria vuole degli uomini superiori al volgo, e, siccome questa Associazione, dopo adempiuti i suoi doveri verso la Patria, segue la dottrina della legge naturale, cosi la *Carità* è uno de' suoi grandi principii. Ogni Muratore debbe quindi esercitar la beneficenza secondo le sue forze; ma nel render felice altrui non debbe aver altro testimonio che Dio ed il suo cuore.

A meglio formulare questi principii mirano le norme disciplinari comuni ad ogni Loggia, che daremo in breve, e l'istruzione di ogni grado. Il luogo, ove debbonsi tenere le Loggie Massoniche di qualsiasi grado debbe essere, come suol dirsi in lingua rituale, *coperto,* vale a dire inaccessibile alla vista e all'udito dei Profani. Debbe comporsi questo di quattro stanze almeno.

1° La camera d'ingresso, ove si trattiene il Fratello Serviente.

2° Una camera, che dà accesso al Tempio, detta *Sala dei passi perduti,* ove si raccolgono i Fratelli prima di cominciare i lavori. Queste due camere debbono essere decentemente arredate secondo l'uso, a cui sono destinate; ma non hanno arredi Massonici propriamente detti, e possono in caso di necessità essere accessibili ai Profani.

3° Una cameretta appartata, ove s'intrattengono gli Iniziandi prima di essere condotti nel Tempio, detta *Camera di Riflessione.* Questa è tappezzata di nero, e su per le pareti sono dipinti emblemi funebri come teschi, od ossa incrociate. Non debbe avere altri arredi che un tavoliere di legno rozzo, ed una rozza scranna pure di legno. Sul tavolo sono un pane, un bicchiere d'acqua, un oriuolo a polvere e un calamaio con penna e due fogli di carta. Su pei muri fra gli emblemi funebri sono appesi cartelli con iscrizioni in sul fare di queste:

SE UNA VANA CURIOSITÀ TI HA CONDOTTO, TORNA INDIETRO. - SE TEMI DI ESSERE ILLUMINATO SUI TUOI DIFETTI, NON HAI CHE FAR QUI. - SE TU SEI CAPACE DI SIMULAZIONE, TREMA: TI SI LEGGEREBBE NEL CUORE. - SE TU AMI LE DISTINZIONI, ESCI: QUI NON SONO CONOSCIUTE. - SE L'ANIMO TUO È CAPACE DI PAURA, NON PROCEDER PIÙ AVANTI: TI SI POTREBBE CHIEDERE QUALUNQUE SACRIFIZIO; PERFINO LA VITA: VI SEI TU PREPARATO?

4° Il Tempio. È una sala di forma possibilmente quadrilunga, sufficientemente spaziosa per contenere quel numero di Fratelli, di che si compone la Loggia. I quattro lati della sala portano il nome dei quattro punti cardinali. La parte più remota, ove siede il Venerabile rimpetto alla porta d'ingresso si chiama l'Oriente. Questa si compone di una predella alta tre gradini e guarnita di una balaustra. L'altare o tavolo, che sorge davanti al Venerabile è posto sopra una seconda predella alta quattro gradini. Un baldacchino azzurro seminato di stelle d'argento sta sopra il trono. In fondo al baldacchino nella sua parte superiore è un Δ raggiante, nel quale sta scritto in caratteri ebraici il nome di JEOVA. A sinistra del baldacchino è il disco del Sole, a destra la Luna falcata, che sono le sole immagini ammesse nella Loggia.

Ad Occidente, a ciascun lato della porta d'ingresso sorgono due Colonne di bronzo coi capitelli adorni di melagrane semiaperte. Sulla colonna di sinistra è scolpita la lettera B e sull'altra la lettera I. Presso di questa si pone il primo Sorvegliante, presso la prima il secondo Sorvegliante. Questi due Uffiziali hanno davanti un piccolo altare di forma triangolare e adorno di emblemi massonici. Questi sono gli ausiliarii del Venerabile e suoi supplenti, e, come lui, tengono in mano un Maglietto in segno della loro autorità.

Il Tempio va inoltre adorno di altre dieci Colonne, cinque per lato, che sommano così a dodici. Per l'architrave, che riposa sulle Colonne scorre un cordone che forma dodici nodi a foggia di gruppi di Salomone *(lacs d' amour)*. Le due estremità si terminano con due fiocchi detti *nappe a frastagli,* i quali cadono dietro le colonne I e B. La volta è dipinta di azzurro e tempestata di stelle. Dall'Oriente partono tre raggi, che figurano il sorger del Sole.

Una Bibbia, un Compasso, una Squadra e una Spada serpiculata, detta *Spada fiammeggiante,* sono posti sull'altare del Venerabile; e tre grandi candelabri muniti di una torcia sono distribuiti nella Loggia, l'uno all'Est presso la gradinata dell'Oriente, il secondo all'Ovest presso il primo Sorvegliante, ed il terzo pure all'Ovest presso il secondo Sorvegliante. Ai due lati della Loggia sono disposti varii ordini di sedie, ove stanno i Fratelli, che non hanno speciali funzioni.

L'*Oratore* siede ad un piccolo tavolino presso la balaustra, a sinistra del Venerabile.

Il *Segretario* presso un altro tavolino a destra, sullo stesso gradino.

Il *Tesoriere* occupa l'estremità della Colonna del Sud, sotto l'Oratore.

L'*Ospitaliere* occupa l'estremità della Colonna del Nord, sotto al Segretario.

Il *primo Esperto* siede sopra un deschetto pieghevole, sotto l'Ospitaliere.

Il *Maestro delle Ceremonie* siede sopra un deschetto, sotto il Tesoriere.

Il *Fratello Terribile* siede sopra un deschetto a destra della porta dietro la colonna I. Questi tiene sempre una Spada sguainata in mano.

Tutti questi dignitarii portano le insegne prescritte dai Regolamenti.

A) Altare B-I) Le due Colonne P) Porta d'ingresso
V) Venerabile V') Seggi del Venerabile uscito di
carica e dei distinti Visitatori.
C) Segretario O) Oratore
D) Ospitaliere E) Tesoriere
F) Primo Esperto G) Maestro delle Ceremonie
L) Stalli del Fratelli della Colonna del Nord L')
Stalli del Fratelli della Colonna del Sud
S) Primo Sorvegliante S') Secondo Sorvegliante
M) Fratel Terribile e secondo Esperto
(nostra ricostruzione dell'immagine originale)

Ecco a maggiore schiarimento di chi avesse a preparare
un locale conveniente per istabilire una Loggia, la
pianta di un Tempio col posto di tutti i dignitarii.

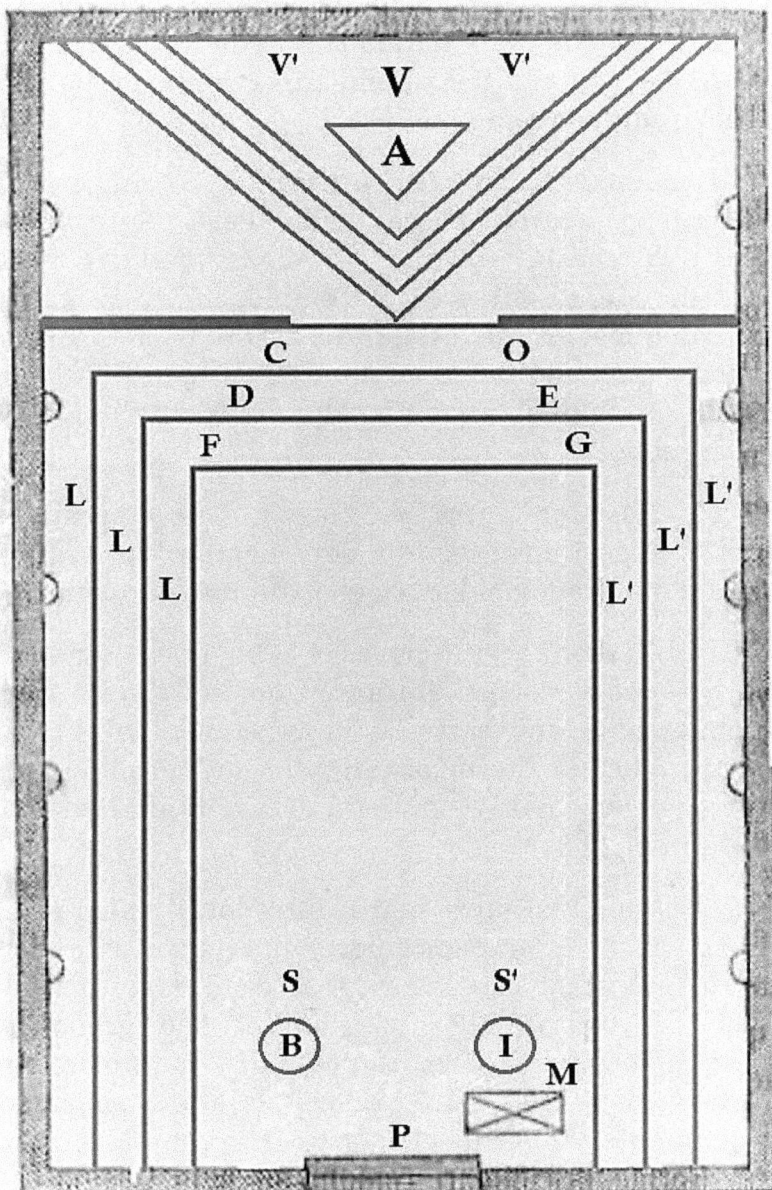

NORME DISCIPLINARI COMUNI AD OGNI LOGGIA

I. I Fratelli s'intrattengono durante il tempo utile per l'ingresso di ogni adunanza nella *Sala dei passi perduti,* mentre che il Fratello Inserviente prepara nel Tempio quanto occorre pei lavori.

II. Come tutto sia all'ordine e un numero sufficiente di Fratelli presenti (debbono essere almeno sette), il Venerabile ordina per mezzo dell'Esperto od altro Uffiziale, di entrare nel Tempio, ove tutti pigliano posto con quest'ordine: i dignitari al loro posto, i Fratelli di primo e secondo grado negli stalli del Nord, i Maestri in quelli del Sud. È però in facoltà dei Maestri di sedere dove vogliono.

III. Nessuno entra in Loggia, che non sia dal Fratello Esperto conosciuto per membro di essa, ed insignito del grado dei lavori, che stanno per aprirsi.

IV. I Fratelli Visitatori, se ce n'ha, si fermano nella *Sala dei passi perduti* fintanto che la Loggia, dietro ispezione delle sue carte, e la relazione del Fratello Esperto (che lo avrà esaminato sul grado, a cui appartengono i lavori), non avrà deciso di ammetterlo, e ne sarà invitato.

V. Ogni Visitatore sarà introdotto dal Fratello Esperto, che per esso picchierà alla porta secondo la batteria del grado dei lavori, e lo condurrà fra le due Colonne decorato delle insegne del suo grado. Ivi, messosi all'ordine, si fermerà per udire quanto credesse di dovergli dire il Venerabile, e rispondere analogamente. Dopo di che fatto il segno e la marcia conveniente, sarà dal Fratello Cerimoniere condotto agli stalli destinati ai Visitatori.

VI. Ogni Fratello debbe conservare, durante i lavori, il posto, che avrà preso, né uscire o mutarlo senza l'assenso del Venerabile chiesto regolarmente per mezzo del Sorvegliante della Colonna, a cui è seduto.

VII. I Fratelli, che giungessero dopo aperti i lavori debbono decorarsi delle insegne del loro grado, quindi battere alla porta del Tempio i colpi convenienti al grado dei lavori. Il primo Sorvegliante ne avvisa il Venerabile, e, come questi abbia conceduto l'ingresso, il Fratello Terribile recasi alla porta e li riceve. Entrati, debbono recarsi fra le Colonne, e, fatto il segno e i passi analoghi al grado dei lavori, pigliano posto alla loro Colonna.

VIII. Nessuno può prender parte ai lavori se non è fregiato delle divise convenienti al suo grado.

IX. Nessun Fratello può recare in Loggia altri colori da quelli adottati dal Grande Oriente Italiano.

Solo i Fratelli Visitatori appartenenti ad Orienti stranieri saranno ammessi coi colori dell'Oriente, a cui appartengono.

X. S'egli avvenga che un Fratello abbia a chiedere la parola, batterà palma a palma volgendosi al Sorvegliante della propria Colonna: questi batterà sul tavolo un colpo di Maglio per avvisarne il Venerabile, ed, ottenutala da lui, accennerà al Fratello richiedente, che può parlare. Questi allora si alza, si mette all'ordine, e vi si mantiene finché abbia finito di parlare.

XI. I Sorveglianti batteranno un colpo sul loro altare col Maglio, volendo chieder la parola per sé, ed ottenutala dal Venerabile si alzeranno, si metteranno all'ordine col Maglietto, o vi staranno fino alla fine del loro discorso.

XII. Gli altri Uffiziali chiedono la parola direttamente al Venerabile battendo palma a palma.

XIII. L'ordine dei lavori, salvo casi straordinari, debb'essere questo:

a) Apertura dei lavori secondo il Rituale del grado.

b) Lettura e approvazione del processo verbale dei lavori precedenti dello stesso grado.

c) Ammessione dei Fratelli Visitatori, se ce n'ha.

d) Ricevimento ossia iniziazione di Profani o Fratelli di grado inferiore, ai lavori che si tengono.

e) Catechismo per istruzione dei nuovi ammessi.

f) Giro della Sacca delle proposte; votazione e discussione delle proposte, ove mai ne contenesse.

g) Discussione sulle altre materie, che sono all'ordine del giorno.

h) Giro del Tronco di beneficenza.

i) Chiusura dei lavori e dispersione dei Fratelli in silenzio.

XIV. Annunziato d'ordine del Venerabile dai due Sorveglianti alle Colonne, che debbe girare la Sacca delle proposte, il Fratello Ceremoniere la prende e vassi a collocare fra le Colonne. Fatto l'annunzio la porta al Venerabile, quindi, per ordine, agli altri Uffiziali, poi ai Fratelli. Ciascuno è tenuto di mettervi dentro la mano come se volesse riporvi alcuna cosa. Dopo ciò il Cerimoniere la vuota sull'altare del Venerabile, che legge una ad una, e pone in discussione le proposte contenute.

XV. Lo stesso modo si tiene pel Tronco di beneficenza, che viene recato dal Fratello Ospitaliere, il quale poi lo vuota sull'altare del Venerabile, e si conta il contenuto in presenza della Loggia, assistendovi il Segretario e l'Oratore. Il Segretario registra la somma nel processo verbale.

XVI. Tutti gli ordini od annunzii di operazioni da farsi escono dal Venerabile, che li dà ai Sorveglianti; questi poi, battendo prima sull'altare un colpo di Maglio per chiamar l'attenzione, l'uno dopo l'altro li ripetono alla propria Colonna.

XVII. Il più perfetto ordine, e la più scrupolosa compostezza debbesi da ciascun Fratello osservare durante i lavori. L'urbanità, la pacatezza, e la più perfetta buona fede debbono governare ogni discussione fra i Liberi Muratori.

XVIII. Chi violasse queste norme, od in qualsiasi modo mancasse alla convenienza, debb'essere ammonito dal Venerabile, e nei casi di qualche gravità invitato a *coprire il Tempio.*

XIX. In Loggia, qualunque possa essere la relazione, che passa fra i varii membri nello stato profano, è vietato chiamarsi con altro nome che quello di Fratello.

APERTURA
DELLA LOGGIA D'APPRENDISTA
OSSIA DI PRIMO GRADO

Il Venerabile, seduto sotto il baldacchino ad Oriente rimpetto ai due Sorveglianti, che hanno ad essere all'Occidente, batte tre colpi d'Apprendista sull'altare, e dice: Silenzio, Fratelli miei, ed in Loggia. *Pronunziate queste parole, tutta l'Adunanza si dispone su due linee parallele, ed il Venerabile dice:*

[Ven.] Fratelli primo e secondo Sorvegliante: pregate i nostri cari Fratelli, in tutti i loro gradi e qualità, di volerci aiutare ad aprire la Loggia d'Apprendista-Muratore.

1° Sorv. Miei (1) cari Fratelli del lato di Mezzogiorno, nei vostri gradi e qualità, io v'invito per

(1) Se v'ha dei Gran-Maestri Visitatori all'Oriente, od altri Fratelli, sempre si debbe cominciare da loro, e ciò in tutti i gradi, ed ogni qual volta si parla all'Assemblea. Si dirà quindi: *Venerabili Maestri, o rispettabili Fratelli, che ornate così bene l'Oriente, miei cari Fratelli, ecc.*

parte del Venerabile a volerci aiutare ad aprire la Loggia d'Apprendista-Muratore.

Il secondo Sorvegliante dice lo stesso verso la sua Colonna del lato Nord. Quindi il seguente dialogo fra il Venerabile ed il primo Sorvegliante.

Ven. Fratello primo Sorvegliante: siete voi Muratore (2)?

1° Sorv. Tutti i miei Fratelli mi conoscono per tale.

Ven. Qual è la prima cura d'un Muratore?

1° Sorv. Quella di assicurarsi se la Loggia è coperta.

Ven. Fatevene assicurare dall'Esperto.

Qui, siccome dal punto, in che il Venerabile ha battuto i primi tre colpi, ogni Uffiziale debbe aver preso il suo posto, il Sorvegliante osserva se l'Esperto adempie il suo compito; e quindi risponde:

1° Sorv. È coperta, o Venerabile.

Ven. Quale è il secondo dovere?

1° Sorv. Quello di vedere se tutti i Fratelli sono all'ordine *(e dopo aver osservato)*: Ci sono, o Venerabile.

Ven. Perché ci raduniamo?

1° Sorv. Per innalzare templi alla virtù, ed aprire delle prigioni al vizio.

Ven. Per quanto tempo dobbiamo lavorare?

(2) Qui la Loggia non è peranco aperta, e tuttavia il Venerabile non chiede ai suoi Sorveglianti se sono Muratori, che per far loro intendere, che debbono sorvegliare alla pratica dei doveri dell'Oriente, e praticarli essi stessi.

1° Sorv. Dal mezzodì fino alla mezzanotte

Ven. Quanto tempo ci vuole a fare un Apprendista?

1° Sorv. Tre anni.

Ven. Quanti anni avete voi?

1° Sorv. Tre anni.

Ven. Che ora abbiamo?

1° Sorv. Mezzogiorno a un dipresso.

Ven. In grazia dell'ora e dell'età, avvisate tutti i nostri cari Fratelli, che la Loggia d'Apprendista-Muratore è aperta, e che intraprenderemo nel modo consueto i nostri lavori.

1° Sorv. Cari Fratelli della mia Colonna: io v'annunzio per parte del Venerabile, che la Loggia d'Apprendista-Muratore è aperta, e che si cominceranno i lavori nel modo consueto.

Il secondo Sorvegliante ripete le parole del primo; quindi il Venerabile, e con esso tutti i Fratelli si alzano, si fanno il segnale d'Apprendista, poscia gli applausi e gridano tre volte: evviva! *Ciascuno poi si mette a sedere; ed allora il Venerabile comincia il Catechismo, ovvero, se vi ha qualche Neofito, lo riceve, perché possa trar profitto dell'istruzione.*

Iniziazione di un Profano

È da notare che il Profano non debb'essere condotto alla Loggia dal Fratello, che lo ha proposto, ma da un altro a lui sconosciuto. Giuntovi lo si introduce a trattenersi nella *Camera delle Riflessioni*.

Il Candidato debbe rispondere per iscritto a queste tre domande: *Quali sono i doveri dell'uomo verso la*

Patria? Quali i doveri dell'uomo verso se stesso? Quali i doveri dell'uomo verso i suoi simili?

Venuto il momento di ricevere un Profano, il Fratello Terribile si reca da lui nel *Gabinetto delle riflessioni* e prende sulla punta della Spada le risposte scritte, di cui si è detto innanzi, e le porta al Venerabile, che ne dà lettura alla Loggia. Dove questa non ci ravvisi alcuna cosa contraria alla Massoneria, il Fratello Terribile torna dal Candidato, gli benda gli occhi, e lo conduce per un laccio di corda che gli pone al collo (3), presso la porta del Tempio, che gli fa urtare violentemente tre volte. Qui comincia la seguente serie di dialoghi e di operazioni.

1° Sorv. Venerabile: si picchia profanamente alla porta.

Ven. Guardate chi sia quel temerario, che osa turbare i nostri lavori.

Esperto (Apre alquanto la porta, appunta la Spada al petto del Candidato, e grida): Chi è l'audace che tenta forzare l'entrata del nostro Tempio?

Fr. Terribile Calmatevi, o Fratello: nessuno vuole entrare malgrado nostro nel sacro recinto: chi ha picchiato è un Profano, che brama di vedere la luce, e viene a chiederla umilmente alla nostra Loggia.

Ven. Chiedetegli per quale motivo egli osa sperare un sì grande favore.

F. Terr. Perché egli è nato libero, ed è di buoni costumi.

(3) Altrove si usa pure di torgli di dosso ogni metallo, scoprirgli la mammella e il braccio sinistro e il ginocchio destro, e fargli calzare una pantofola dal piè sinistro.

Ven. Com'è così, fatevi dire il suo nome, il luogo di sua nascita, l'età, la sua religione, la sua professione e dimora.

(Risposto che avrà il Profano a tutte queste domande dice): Introducete il Profano.

F. Terr. (Lo conduce in mezzo alle due Colonne, quindi gli appoggia la punta della Spada alla mammella sinistra).

Ven. Che sentite, o che vedete voi?

Profano. Non veggo nulla, ma sento la punta di un'arma.

Ven. Sappiate che l'arma, onde voi sentite la punta, è l'immagine del rimorso, che strazierebbe il vostro cuore, se mai vi toccasse la sventura di tradire il consorzio, in cui cercate di entrare; e che lo stato di cecità in che vi trovate raffigura le tenebre, in cui è immerso l'uomo, che non ha peranco ricevuta l'iniziazione Massonica. Rispondete, o signore: vi presentate voi qui senza esservi costretto...? senza suggestioni...? liberamente?

Prof. Sì, signore.

Ven. Riflettete bene al passo, che voi fate. Voi dovete subire delle prove terribili. Avete voi cuore di affrontare i gravi pericoli, a cui potete essere esposto?

Prof. Sì, signore.

Ven. Se così è, io non rispondo più di voi... Fratel Terribile, traete questo Profano fuori del Tempio, e conducetelo pertutto, ove ha da passare un mortale, che brama conoscere i nostri secreti (4). Fratel Terribile, conducete il Profano presso il secondo Vigilante, e fatelo inginocchiare *(ciò eseguito, continua)*. Profano: pigliate parte alla preghiera, che noi stiamo per alzare all'Autore di ogni cosa, in vostro favore.

Fratelli miei! umiliamoci dinanzi al Sovrano Architetto dei mondi; riconosciamo la sua possanza e la debolezza nostra. Teniamo i nostri cuori e gli animi nostri nei limiti dell'equità, e sforziamoci colle opere nostre d'innalzarci fino a lui. Egli è santo, egli esiste per se stesso, ed è per lui che ogni cosa creata esiste. Egli si rivela in tutto e dovunque; egli vede e giudica ogni cosa. Degnatevi, o Grande Architetto dell'Universo, di proteggere gli Operai della pace che son riuniti in questo Tempio. Accendete il loro zelo, fortificate gli animi loro nella lotta delle passioni, infiammate il loro

(4) Altrove si pratica di condurre il Profano nell'atrio, poi fargli far due o tre giri sopra se stesso per disorientarlo. In seguito è ricondotto all'ingresso del Tempio, che il Fratello Esperto avrà spalancato. Alquanto innanzi sarà stato un gran quadro, il cui vuoto è coperto di più strati di carta assai forte. Qui il Fratello Terribile esclama: *che debbo io far del Profano?* Ed il Venerabile: *introducetelo nella caverna.* Alle quali parole due Fratelli lanciano con violenza il Profano contro il quadro, la cui carta, lacerandosi, gli dà il passaggio. Due altri Fratelli lo ricevono sulle braccia intrecciate. Si chiudono fortemente le due imposte della porta del Tempio. Un anello di ferro fatto scorrere più volte su una sbarra dentata dello stesso metallo simula il rumore di un serrame, che si chiuda di più giri. Si osserva per qualche istante il più assoluto silenzio. Quindi il Venerabile batte un gran colpo col Martello e dice: *conducete il Profano presso il Secondo Sorvegliante* ecc.

cuore coll'amore della virtù, date loro l'eloquenza e la perseveranza necessaria per far amare il vostro Nome, osservare le vostre leggi, ed estendere il vostro regno. Prestate a questo Profano la vostra assistenza, e sostenetelo col vostro braccio protettore nelle prove, che sta per subire. Amen!

I Fratelli rispondono Amen!

Ven. Profano: in chi riporrete voi la vostra fiducia?

Prof. In Dio.

Ven. Se voi riponete la fiducia vostra in Dio, seguite con passo sicuro la vostra guida, e non temete alcun pericolo.

F. Terr. (Rialza il Profano e lo conduce fra le Colonne),

Ven. Signore: prima che quest'Assemblea vi ammetta alle prove, egli è bene che voi la facciate sicura che non siete indegno d'aspirare alla rivelazione dei misteri, ond'essa tiene il prezioso deposito. Vogliate dunque rispondere alle domande, che io vi farò in suo nome.

F. Terr. (Fa sedere il Candidalo sopra una sedia irta di asprezze e zoppa d'un piede, e ciò per vedere fino a qual punto il disagio fisico influisce sulla lucidezza delle sue idee.)

Ven. (Gli fa una serie d'interrogazioni, onde risulti: quali siano le opinioni del Candidato intorno all'esistenza di Dio; alla unità della natura umana; all'uguaglianza degli uomini, che ne consegue; ai reciproci loro diritti e doveri; alla natura dei varii consorzii umani; ai loro mutui doveri e diritti; alla libertà degli individui e alla indipendenza, che è la libertà delle Nazioni; alla tolleranza delle opinioni politiche e religiose, che debb'essere fra tutti gli uomini onesti, ed altre cotali. Poi soggiunge:)

Voi avete risposto a dovere. Tuttavia siete voi pienamente soddisfatto di ciò che avete udito? Persistete voi nella risoluzione di essere ricevuto fra i Liberi Muratori?

Prof. Signor sì.

Ven. Se così è, vi farò conoscere le condizioni, alle quali sarete ammesso fra noi, se pure uscirete vittorioso dalle prove, che vi restano a subire. In primo luogo voi contraete l'obbligo di osservare il più assoluto silenzio intorno ai segreti Massonici. Il secondo vostro dovere sarà quello di combattere quelle passioni, che degradano l'uomo e lo rendono infelice, e di praticare le virtù più dolci e più benefiche. Soccorrere i vostri Fratelli nel pericolo, prevenire i loro bisogni, ed assisterli nella disgrazia; illuminarli coi vostri consigli, quando ei fossero sul punto di errare; incoraggiarli a fare il bene quando se n'abbia occasione. Tale è la condotta che debbe tenere un Libero Muratore. Il terzo vostro dovere vuol esser quello di uniformarvi agli Statuti generali della Massoneria ed ai particolari della Loggia, e di eseguire tutto ciò, che vi sarà prescritto dalla maggioranza di questa rispettabile Assemblea. Ora che voi conoscete i principali doveri di un Libero Muratore, credete voi di avere la forza, e siete ben risoluto di praticarli?

Prof. Sì, signore.

Ven. Prima che procediamo oltre, noi esigiamo il vostro giuramento, il quale debb'essere fatto sopra una coppa sacra. Se voi siete sincero, voi potrete berne senza timore; ma se allignasse la falsità in fondo al vostro cuore, non giurate, allontanate piuttosto questa coppa, e paventate l'effetto pronto e terribile della bevanda, ch'essa contiene. Consentite voi a giurare?

Prof. Sì, signore.

Ven. Conducete il Profano presso l'altare.

F. Terr. (Lo conduce presso l'Altare).

Ven. Fratello Sacrificatore: presentate al Profano la sacra coppa così fatale agli spergiuri

F. Terr. (Mette nelle mani del Profano una coppa a doppio scompartimento, girante sopra un pernio verticale. Nell'uno degli scompartimenti è dell'acqua, nell'altro qualche liquore amaro)(5).

Ven. Profano: ripetete meco il vostro giuramento.

«Io mi impegno all'osservanza stretta e rigorosa dei doveri prescritti ai Liberi Muratori, e se mai violassi il mio giuramento...» *(qui il Fratello Terribile gli fa bere un sorso, poi ponendogli la mano quasi per impedirgli di proseguire, fa girare la coppa sul pernio in modo da volgere verso al labbro del Profano lo scompartimento della pozione amara)* «io consento che la dolcezza di questa bevanda si muti per me in sottile veleno».

F. Terr. (Fa bere il Candidato allo scompartimento del liquore amaro).

---

(5) Chi non avesse una coppa siffatta, può adoperarne una qualsiasi, solo che in luogo di girare sul pernio in mano del Profano, puossi fargliela deporre sull'altare e scambiargliela a suo tempo con altra perfettamente simile, contenente fiele o mirra, od altro liquido amaro.

Ven. (Battendo un gran colpo col Maglio dice con voce forte) Che veggo, o signore? Che significa l'alterazione che mostrate nel volto? Che la coscienza smentisca l'affermazione della vostra bocca? e la dolcezza di questa bevanda si fosse volta in amaro? Allontanate il Profano.

F. Terr. (Conduce il Profano fra le Colonne).

Ven. Se voi credete ingannarci, non isperate mai di riuscirvi: il seguito delle prove ce lo mostrerebbe troppo chiaramente. Meglio sarebbe, o signore, che vi ritiraste mentre ne siete in tempo; poiché a momenti sarebbe tardi. Se noi acquistassimo mai la certezza della vostra perfidia, vi bisognerebbe rinunciare a veder più la luce. Meditate adunque seriamente su quello, che vorreste fare. Fratello Terribile *(batte un gran colpo di Martello)*: pigliate questo Profano e fatelo sedere sulla *Sedia delle Riflessioni.*

F. Terr. (Eseguisce l'ordine con isgarbo),

Ven. Ch'egli rimanga solo colla sua coscienza, e che alle tenebre in che sono immersi i suoi occhi, s'aggiunga l'orrore di un'assoluta solitudine *(tutti gli astanti osservano per alcuni minuti un silenzio assoluto).*

Ven. Ebbene, signore? avete voi riflettuto a qual partito vi convenga appigliarvi? Vi ritirate voi, oppure persistete a voler affrontare le prove?

Prof. Io persisto.

Ven. Fratello Terribile: fate fare al Profano il suo primo viaggio, e procacciate di salvarlo da ogni disgrazia.

F. Terr. (Eseguisce l'ordine avuto. Il Candidato sotto la sua direzione fa tre volte il giro della Loggia, cammina sopra tavolati mobili posti sopra cilindri, e coperti di asperità, e che si muovono sotto i suoi piedi. Altre volte sale per tavolati ad altalena, che ad un tratto gli mancano sotto, e sembrano condurlo in un precipizio. Sale molti gradini di una scala perpetua, e, come gli paia esser salito ad una grande altezza, gli si comanda di gittarsi abbasso, e cade a due piedi d'altezza. Durante questo tempo varii cilindri di latta pieni di sabbia, girando sopra sé stessi per mezzo di un manubrio, imitano il rumore della gragnuola; altri cilindri strisciando nel loro girare una stoffa di seta fortemente tesa, imitano il fischiare del vento; dei fogli di latta sospesi alla volta, per un capo, violentemente agitati, simulano il rombo del tuono e lo scoppio del fulmine lontano.

In questo mentre il secondo Sorvegliante appoggiando il suo Maglio sul petto del Candidato, gli grida forte): Chi va là?

F. Terr. Egli è un Profano, che chiede d'esser iniziato.

2° Sorv. Come osa egli sperarlo?

Fr. Terr. Perché egli è uomo libero e morigerato.

2° Sorv. Quando è così, passi.

Ven. Profano: siete voi disposto a fare un altro viaggio?

Prof. Sì, signore.

Fr. Terr. (Lo conduce, pel secondo viaggio. Il Profano in questo non incontra alcun ostacolo sul suo cammino. Il solo rumore, ch'egli ode, è un clangore di ferri percossi l'un contro l'altro. Com'egli abbia compiuto così tre volte il giro della Loggia, è condotto dal primo

Sorvegliante, che gli appoggia, come l'altro, il Maglio al petto e gli grida):

1° Sorv. Chi va là?

F. Terr. Un Profano che domanda l'iniziazione ai nostri misteri.

1° Sorv. Come osa sperarlo?

F. Terr. Per esser uomo libero e morigerato.

1° Sorv. Se è così, passi.

Ven. Profano: vi sentireste voi disposto ad un terzo viaggio?

Prof. Sì, signore.

Ven. Fratello Terribile: conducetelo al terzo viaggio.

Fr. Terr. (Conduce per mano il Profano nel suo terzo viaggio, che, come i precedenti, consta di tre giri intorno alla Sala. In questo mentre, regna nella Loggia il più profondo silenzio. Terminati i tre giri il Profano è condotto all'Oriente alla destra del Venerabile, che appoggiandogli il Maglietto sul petto grida):

Ven. Chi va là?

F. Terr. Un Profano, il quale vorrebbe l'iniziazione ai nostri lavori.

Ven. Come osa egli sperarlo?

F. Terr. Perché è uomo libero e di buoni costumi.

Ven. Come è cosi, fatelo passare per le fiamme della purificazione, perché nulla più rimanga in lui di Profano.

F. Terr. (Mentre il Profano si reca fra le due Colonne, lo avviluppa tre volte di fiamme) (6).

Ven. Profano: i vostri viaggi sono felicemente terminati. Voi siete stato purificato, dalla terra, dall'aria, dall'acqua e dal fuoco. Io non ho che a lodare il vostro coraggio. Badate però che questo non vi abbandoni, poiché vi restano altri cimenti a superare. La Società, nella quale chiedete essere ammesso, potrebbe richiedere che voi versaste fino all'ultima stilla di sangue. Ci sareste voi disposto?

Prof. Sì, signore.

Ven. Ho molto caro che così sia, poiché, rammentate bene, che se l'Assemblea in mezzo alla quale vi trovate, non è disposta, come potete ben credere, a torvi la vita; ben può darsi il caso che voi abbiate ad arrischiarla per salvare un Fratello, o per non tradire la Società, che vi avrà affidato i suoi segreti. Nel momento di pericolo ricordatovi d'esser stato disposto a dare il vostro sangue a richiesta dei Fratelli, senza pur chiederne la ragione.

Ora sappiate ancora che i Fratelli appartenenti al nostro consorzio, portano impresso per mezzo del ferro rovente sul petto il suggello mistico, a cui tutti si riconoscono. Sareste voi contento di portarlo?

(6) Si serve per questo effetto di uno strumento detto *Lampada a licopodio*. É questa un lungo tubo terminato da un lato per un beccuccio, dall'altro da una lampada ad alcool, circondata all'intorno da una specie di crivelluccio a corona, pei cui buchi passa una polvere infiammabilissima detta *licopodio*, chiusa nell'interno del tubo, e che il soffio di chi tien la lampada, spinge sulla fiamma della lampada. Si può anche fare con polvere da fucile, o con altre materie.

Prof. Sì, signore.

Ven. Ebbene: così sia.

F. Terr. (Spegne una candela e gli applica al petto la parte ancor calda, per fargli credere d'esser tocco da ferro rovente. Si può ancora scaldare alla fiammella di una candela convenientemente un vero suggello e applicarglielo) (7).

Ven. Profano: io v'invito ora a dire quale somma voi destinate di pagare alla Cassa dei Fratelli indigenti. Voi lo direte all'orecchio del Fratello Ospitaliere, perché il Libero Muratore non debbe far pompa in pubblico del bene, che egli fa. Voi baderete a farla tale che non vi dimostri né avaro, né prodigo, e la pagherete a sua richiesta.

F. Ospit. (Si reca dal Profano e ne riceve all'orecchio la risposta).

(7) Altrove si pratica altrimenti. Se il Candidato risponde d'esser disposto a dare il suo sangue, il Venerabile impone al Fratello Chirurgo (che può essere qualunque dei presenti) di fare il suo dovere. Questi benda il braccio al Profano, quindi gliel graffia alquanto con uno stuzzicadenti, perché creda d'essere davvero salassato. Frattanto uno dei Fratelli lascia cadere da un'ampollina a becco sottilissimo un fil d'acqua tiepida sul braccio del Profano e di lì in una scodella preparata. Terminata questa operazione gli si fascia il braccio come fosse stato davvero salassato. Se il Profano dice di aver pranzato da poco tempo od altro, si chiama a consulto il Fratello chirurgo, il quale tastatogli il polso, risponde che non può tollerare il salasso, ed allora si fa come dinanzi fu detto. La Massoneria Italiana non crede di rendere comune questa prova per non dare al recipiendario, che per caso si ritirasse in seguito, la falsa idea, che essa sia per chiedere per capriccio e con leggerezza il sangue dei Fratelli.

Ven. In breve, o signore, voi raccoglierete il frutto della fermezza vostra nelle trascorse prove, e dei sentimenti, che voi avete mostrato, di pietà e di beneficenza tanto grati al Sommo Architetto dell'Universo. Fratello Ceremoniere: consegnate il Candidato al primo Sorvegliante, perché gl'insegni a fare il primo passo nell'angolo di un rettangolo. Voi stesso gli farete fare gli altri due, e lo condurrete all'*Ara dei giuramenti.*

1° Sorv. (Riceve il Profano dal Maestro delle Ceremonie e gli insegna a fare i passi d'Apprendista. Questi si fanno disponendo i piedi in guisa da formare una squadra col tallone del piè dritto contro quello del sinistro: quindi avanzando il piè dritto un passo e facendolo raggiungere dal sinistro in guisa da pigliare la prima posizione. Questa operazione tre volte ripetuta, costituisce ciò che si dice i passi d'Apprendista. *Terminati i passi, il Maestro delle Ceremonie lo conduce all'altare del Venerabile, lo fa porre in ginocchio, gli pone la punta del Compasso al petto, e gli fa porre la sinistra sopra la lama di una Spada).*

Ven. (Battendo un colpo di Martello sull'altare) In piedi e all'ordine, o Fratelli: che il Neofito si appresta al giuramento terribile.

I Fratelli si alzano, prendono una Spada, e si tengono durante il giuramento, all'ordine. Il Venerabile fa ripetere al Neofito il giuramento seguente:

«Giuro e prometto sopra gli Statuti generali dell'Ordine e sopra questa Spada simbolo dell'onore, davanti al Grande Architetto dell'Universo, che è Dio, di serbare inviolabile segreto su tutto ciò, che mi sarà confidato da questa Rispettabile Loggia, come pure su tutto ciò, e che avrò veduto fare o inteso dire. Prometto di non mai scriverlo, delinearlo, inciderlo, o scolpirlo, o palesarlo altrimenti, quando non ne abbia ricevuto licenza espressa, e nella maniera, che mi sarà indicata. Prometto di amare i miei Fratelli, e di soccorrerli secondo le mie facoltà. Prometto inoltre di uniformarmi agli Statuti ed alle Regole di questa Rispettabile Loggia. Consento, se divengo spergiuro, di avere la gola tagliata; il cuore e le viscere strappate; il corpo bruciato e ridotto in polvere, e che le mie ceneri siano gettate al vento, e la mia memoria sia in esecrazione a tutti i Liberi Muratori della terra: così il Grande Architetto mi aiuti *(e i Fratelli rispondono)* Amen!»

M. delle Cer. (Conduce il Candidato tra le due Colonne: tutti i Fratelli volgono verso di lui le Spade ignude. Il Fratello Ceremoniere gli sta dietro e scioglie il fazzoletto, che gli benda gli occhi, pronto a farlo cadere ad un cenno del Venerabile. Nello stesso tempo un Fratello tiene davanti al Neofito la lampada a licopodio).

Ven. Fratello primo Sorvegliante: ora che i cimenti superati mostrarono questo Profano dotato di costanza e di coraggio, lo credete voi degno d'essere ammesso fra noi?

1° Sorv. Sì, o Venerabile.

Ven. E che cosa chiedete per esso?

1° Sorv. La luce.

Ven. E che la luce sia! *(Batte quindi tre colpi col Maglietto).*

M. delle Cer. (Al terzo colpo toglie la benda dagli occhi al Neofito, e il Fratello, che gli è davanti soffia nel cannello della lampada a licopodio, facendo una fiammata).

Ven. (Volgesi al Neofito) Non temete, o Fratello, quelle Spade, che son volte verso di voi. Esse non minacciano che gli spergiuri. Se voi siete fedele alla Massoneria, come noi tutti speriamo, quelle spade saranno ognor pronte a difendervi; ma se al contrario voi aveste mai a tradirci, nessun angolo della terra vi potrebbe sottrarre a quelle Spade vendicatrici *(tutti i Fratelli abbassano le Spade)*. Ceremoniere: conducetelo all'altare.

M. delle Cer. (Conduce il nuovo iniziato all'altare e lo fa porre in ginocchio).

Ven. (Ponendogli la punta della Spada sul capo) A nome del Grande Architetto dell'Universo, ed in virtù dei poteri, che mi sono dati dal Grande Oriente d'Italia e da questa Rispettabile Loggia, io vi creo e costituisco Libero Muratore al grado d'Apprendista, e membro di questa Loggia.

Ciò detto batte tre colpi d'Apprendista col Maglietto sulla Spada: rialza il nuovo Fratello. Gli dà le insegne del suo grado; quindi gli fa il triplice bacio misterioso sulle guancie e sulla bocca; gli rivela il segno, il tocco, la parola sacra e quella di passo. Il Fratello Ceremoniere conduce il Neofito fra le due Colonne.

Ven. Fratelli primo e secondo Sorvegliante: annunciate alle vostre Colonne, che il signor N. N. è costituito Libero Muratore al primo grado simbolico sotto gli auspicii del Grande Oriente d'Italia e membro di questa Rispettabile Loggia, ed invitate tutti i Fratelli a riconoscerlo come tale e a prestargli tutti quegli aiuti, che sogliono fra loro i Fratelli.

1° Sorv. Fratelli della Colonna del Sud: d'ordine del Venerabile riconoscerete qui d'innanzi il signor N. N. come Libero Muratore al primo grado simbolico a membro di questa Rispettabile Loggia, e gli presterete tutti quei soccorsi, che sogliono fra loro i Fratelli.

2° Sorv. Fratelli della Colonna del Nord, ecc.

M. delle Cer. (Conduce il nuovo Fratello all'estremità della Colonna del Nord sopra una sedia particolare destinata ai nuovi iniziati).

D'ordine del Venerabile regolarmente trasmesso alle due Colonne dai rispettivi Sorveglianti, si fa una triplice salva d'applausi alla sua iniziazione dai Fratelli presenti messisi all'ordine.

Dopo ciò seggono tutti, ed il Fratello Oratore fa al nuovo Fratello un discorso sull'origine, sui fini della Massoneria; sul modo, ond'è costituita in Italia e fuori; sui regolamenti e leggi principali, che la governano; sui doveri dei Liberi Muratori verso i Fratelli e verso i loro simili; sulla gravità dei suoi doveri, ecc.

Chiusura dei Lavori di Primo Grado

Ven. Che ora abbiamo?

1° Sorv. Mezzanotte.

Ven. Quanti anni avete?

1° Sorv. Tre anni.

Ven. In grazia dell'ora e dell'età, avvisate tutti i nostri cari Fratelli sì del Mezzogiorno, e sì della Mezzanotte, che noi chiuderemo questa Loggia, dando termine ai nostri lavori nel modo consueto.

I due Sorveglianti obbediscono ciascuno avvertendone [la] sua Colonna: quindi, tutta l'Assemblea imitando il Venerabile, fa il segno d'Apprendista e le acclamazioni, dopo di che il Venerabile dice: Miei Fratelli: la Loggia è chiusa.

I due Sorveglianti ripetono queste parole.

APERTURA
D'UNA LOGGIA DI LAVORANTI
OSSIA DI SECONDO GRADO

——————— ———————

Disposta ogni cosa per la collazione di questo grado, il Venerabile batte i colpi da Lavorante: i Sorveglianti fanno altrettanto; quindi il Venerabile dice: Fratelli primo e secondo Sorvegliante: pregate i nostri cari Fratelli del Sud, e quelli del Nord a volerci aiutare ad aprire la Loggia da Lavorante-Muratore. I due Sorveglianti obbediscono nel solito modo. Dopo di che il Venerabile fa loro le seguenti domande che sono le sole da farsi ai due primi Uffiziali per aprire questa Loggia.

Ven. Fratello primo Sorvegliante, donde venite?

1° Sorv. Io vengo, o Venerabile, dal Tempio, ove feci il Lavorante.

Ven. Che cosa venite a far qui?

1° Sorv. A ricevere i vostri ordini, ed a profittare dei vostri lumi.

Ven. Che dovete voi osservare come primo Lavorante?

1° Sorv. Se tutti i Fratelli sono all'ordine *(osserva e risponde secondo ha veduto).*

Ven. Perché ci raduniamo noi?

1° Sorv. Per istruirci nell'Arte Reale col dedicarci allo studio delle scienze, ch'ella richiede.

Ven. Quante ore abbiamo?

1° Sorv. Mezzogiorno preciso.

Ven. Quanti anni avete voi?

1° Sorv. Cinque anni

Quindi il Venerabile soggiunge: In virtù dell'ora e dell'età, avvisate i nostri cari Fratelli, che la Loggia dei Lavoranti è aperta, e che noi cominceremo i nostri lavori nel modo consueto.

1° Sorv. Fratelli miei, della Colonna dei Sud, ecc.

2° Sorv. Fratelli miei, della Colonna del Nord, ecc.

Appena il secondo Sorvegliante ha terminato di parlare, il Venerabile e tutta l'Assemblea fanno il segno dei Lavoranti e le acclamazioni d'uso; indi proseguono i lavori secondo l'ordine prescritto.

RITUALE PEL RICEVIMENTO AL SECONDO GRADO

Avvertenza

Prima che s'introduca il Candidato si spiega sul suolo una tela sulla quale sono dipinti varii emblemi. Vi sono raffigurali una *finestra* ed una *porta* all'Occidente, all'Oriente ed a Mezzodì. *Sette gradini* conducono alla porta d'Occidente, che è fiancheggiata dalle *Colonne I.* e *B.* Al di là di questa porta si estende un altro tratto ove è disegnato un *pavimento a scacchi bianchi e neri;* più alto ancora si vede una *Squadra,* che volge le sue estremità all'Oriente. A destra della Squadra v'è un *Martello,* a sinistra una *Tavola* ove son disegnate figure di geometria. Al di sopra della Squadra son disegnate la *facciata di un Tempio,* la *Livella,* il *Piombino,* una *Pietra a base cubica e piramidale nella parte superiore,* un *Globo* celeste, un *Regolo quadrato* con 24 divisioni, una *Pietra greggia,* una *Cazzuola,* una *Stella raggiante,* un *Compasso* aperto colle punte volte in basso, il *Sole* e la *Luna.* Tre candelieri sono posti ad Oriente, ad Occidente e a Mezzogiorno; e il *cordone a frastagli* circonda tutto il quadro. Il Candidato è introdotto cogli occhi sbendati, e tiene in mano un *Regolo,* di cui appoggia un capo sulla spalla sinistra, ed è accompagnato dal Maestro delle Cerimonie, che gli fa battere i colpi d'Apprendista.

Ven. Chi batte?

M. delle Cer. È un Apprendista, il quale chiede di passare dal Piombino alla Livella.

Ven. Gli si apra la porta e lo si conduca fra le due Colonne.

M. delle Cer. (Lo conduce fra le due Colonne).

Ven. Fratello secondo Sorvegliante: conoscete voi il Fratello Apprendista qui presente?

2° Sorv. Sì, o Venerabile.

Ven. Ha egli compiuto il suo tempo?

2° Sorv. Sì, o Venerabile.

Ven. Sapete voi che i Fratelli della sua Colonna abbiano a lodarsi dei suoi lavori?

2° Sorv. Ne sono contenti, o Venerabile.

Ven. Fratello Apprendista: conoscete voi perfettamente le dottrine del vostro Grado?

Cand. Così mi pare, o Venerabile.

Ven. (Move al Candidato varie questioni sul Catechismo del primo grado, e se egli risponde, a dovere, dice) Fratello Ceremoniere: fategli fare i cinque viaggi misteriosi.

M. delle Cer. (Pone nella mano sinistra del Candidato un Martello ed uno Scalpello, gli fa fare un giro attorno alla Loggia e lo riconduce fra le due Colonne).

Ven. Voi avete, o Fratello, compiuto il primo vostro viaggio munito di un *Martello* e di uno *Scalpello.* Questi strumenti hanno un uso materiale a tutti noto, dal quale si può dedurre un senso morale. Essi servono a foggiare la materia greggia per renderla adatta alla costruzione, e vi mostrano così essere prima cura di un buon Muratore quella di modificare in guisa il cuor suo e le sue inclinazioni, da renderle adatte alla costruzione del gran Tempio, che è quello dell'amore e della fratellanza universale degli uomini... Maestro delle Ceremonie: fategli fare il secondo viaggio.

M. delle Cer. (Gli pone nella sinistra un Regolo ed un Compasso: gli fa fare un giro intorno al Tempio e lo conduce fra le colonne).

Ven. Mirate, o Fratello, gli utensili, che portaste con voi in questo viaggio, e non vi esca di mente mai che il *Regolo,* perocché serve a tirare le linee rette, vi dice che retta vuole essere la via, che debbe calcare ogni Muratore, e la rettitudine debb'essere in ogni sua azione: il *Compasso* servendo a descrivere circoli cioè figure, che rinchiudono nella minor linea il massimo spazio, vi dinota come il Muratore sotto la minima apparenza debbe contenere il maggior numero di virtù. Ora, Fratello Ceremoniere, conducetelo ad un altro viaggio.

M. delle Cer. (Gli pone nella sinistra un Regolo, e gli appoggia l'estremità di una Leva di ferro sulla spalla sinistra, gli fa fare un giro e lo riconduce fra le Colonne).

Ven. Fratello: ritornato dal terzo viaggio, ricordatevi degli arnesi che avete recati con voi; il *Regolo,* e la *Leva:* dell'uno voi avete appreso già l'uso e il significato. Sappiate ora che la *Leva,* come quella, che serve a sollevare gravi pesi, vi denota come la virtù abbia forza di sollevare così gli uomini, come gli interi popoli dal servaggio e dallo avvilimento. Ma voglio ancora che sappiate come il *Regolo* non per nulla accompagnò la *Leva.* Egli è per indicare come in questo lavorio del sollevare altrui si abbia a procedere con senno e con rettitudine, e non lasciarsi governare da un impeto cieco e sconsigliato.

Fratello Ceremoniere: conducetelo al quarto viaggio.

M. delle Cer. (Gli pone in mano una Squadra e un Regolo, e gli fa fare il quarto viaggio, riconducendolo fra le Colonne).

Ven. Riflettete, o Fratello, che in questo viaggio avete recato la *Squadra* e il *Regolo*. Questi servono a regolarizzare le figure e i piani, mostrando come l'ordine e la regola debba essere sempre la guida di un vero

Muratore nelle diverse operazioni della sua vita, e proponetevi di adoperarle sempre.

Fratello Ceremoniere: rimane a fare ancora un viaggio al nostro Fratello; voi dovete accompagnarlo.

M. delle Cer. (Gli toglie ciò che ha nelle mani e lo conduce perfettamente libero al quinto viaggio, che finisce come gli altri fra le due Colonne).

Ven. Fratello Apprendista: voi avete compiuti tutti i viaggi misteriosi, che si richiedono per giungere al grado a cui aspirate. Voi notaste certo come nell'ultimo aveste le mani *perfettamente libere.* Or bene, sappiate che ciò significa che l'uomo dopo di aver molto faticato per giungere alla virtù, ha con essa acquistato pure la vera libertà, e la felicità, che ne è conseguenza necessaria. Su via! prendete il Maglietto ed eseguite l'ultimo lavoro d'Apprendista.

Cand. (Prende il Martello e batte tre colpi d'Apprendista sulla Pietra greggia).

Ven. Mirate ora, o Fratello, quella Stella misteriosa, che vedete là dipinta su quella Tavola; voi non dovete mai perderla di mira; essa è l'emblema del genio, che s'innalza a grandi cose; e con più ragione ancora essa è simbolo di quel sacro fuoco, di quella parte di luce divina, onde il Grande Architetto sì piacque di comporre le anime nostre, e pel cui raggio ne è dato di conoscere e di praticare la verità e la giustizia. La lettera G. che vedete nel centro vi offre due sublimi idee: essa è il monogramma del nome dell'Altissimo, ed è pure l'iniziale della parola Geometria. Questa ha per base l'applicazione delle proprietà dei numeri alle dimensioni dei corpi, e sopra tutto al Triangolo, a cui si riferiscono quasi tutte lo loro figure, e che richiama alla mente gli emblemi più sublimi. Ora, o Fratello, appressatevi all'ara e prestate il giuramento, che è richiesto dall'Ordine.

Cand. (Legge a voce alta e chiara il seguente giuramento) «Giuro e prometto al Grande Architetto dell'Universo, e nelle vostre mani, o Venerabilissimo, ed a tutti i miei Fratelli, colla fede del mio primo giuramento, di custodire e serbare fedelmente i segreti che mi saranno confidati, e di non rivelarli agli Apprendisti in modo veruno, e mi sottometto, in caso d'infrazione, alle pene portate dal mio primo giuramento. Cosi il Grande Architetto dell'Universo mi aiuti».

Durante il giuramento i Fratelli sono all'ordine, ed in fine rispondono Amen.

Ven. (Facendosi appressare il Candidato e ponendogli il Maglietto sulla fronte, dice) In nome del Grande Architetto dell'Universo e in virtù dei poteri, che mi sono conferiti, io vi costituisco e vi creo Libero Muratore al grado di Lavorante, nella Loggia di S. Giovanni N. N., sotto gli auspizii del Grande Oriente d'Italia. Ora, Fratello Ceremoniere, piacciavi d'istruirlo nelle cose appartenenti al suo grado.

M. delle Cer. (Conduce l'Apprendista fra le Colonne, e gli insegna la parola sacra, quella di passo, come abbia a mettersi all'ordine, la batteria, e la marcia (8) *del suo grado; dopo di che lo fa porre in ordine fra le due Colonne, e dice)* Venerabile: il Fratello conosce le dottrine appartenenti al suo grado.

Ven. Fratelli primo e secondo Sorvegliante: annunciate alle Colonne l'ordine di riconoscere d'ora in poi il Fratello N. N. membro di questa Rispettabile

Loggia nella qualità di Libero Muratore, al secondo grado simbolico.

1° Sorv. Fratelli della Colonna del Sud: il Venerabile v'invita a riconoscere d'ora innanzi il Fratello N. N. qui presente per Libero Muratore, al grado di Lavorante.

2° Sorv. Fratelli della Colonna del Nord, ecc.

Ven. Fratelli all'ordine! (*e vedutili all'ordine*) Io v'invito ad unirvi a me per fare una triplice e ben sentita salva di applausi alla iniziazione al secondo grado del nostro Fratello N. N. *(fatti i Fratelli eseguiscono).*

M. delle Cer. (Conduce il nuovo iniziato, e lo fa sedere in testa alla colonna di Mezzodì).

Oratore (Prende la parola, e richiamata l'attenzione del nuovo iniziato sulla tela dipinta, che è spiegata in mezzo al Tempio, gli fa notare come quella rappresenti il Tempio di Salomone; come le due Colonne *si chiamano l'una B..., vale a dire* forza, *l'altra I, vale a dire* stabilità; *come l'una sia* bianca *e l'altra* nera, *a simboleggiare il principio di creazione e di distruzione, la vita e la morte, la luce e le tenebre, la cui alternativa mantiene l'armonia del creato; come i* sette *gradini, per cui si arriva alla prima porta di Occidente indicano le varie prove per cui passa l'iniziato, onde giungere alla*

---

(8) Il passo da Lavorante sì fa mettendo i piedi in squadra, poi si marcia come gli Apprendisti, col divario che prima si parte col piè destro e marciasi a destra, poi col sinistro e marciasi a sinistra, poi di nuovo col destro marciando a destra.

perfezione, che lo fa degno di entrare nel Santo dei Santi; *come lo* Scacchiere *formato di* quadri bianchi e neri *indichi le due forze, che a volta a volta attirano l'uomo al vizio ed alla virtù, allo spirito ed alla materia; come la* Squadra, *che è in basso, ed il* Compasso, *che è nell'alto del quadro, rappresentino con segni diversi le medesime idee, essendo il Compasso il cielo, a cui tende, e la Squadra la terra, a cui è trattenuto il Muratore, donde, il detto che* il Muratore si trova fra il Compasso e la Squadra; *come la* Stella raggiante *indichi il lume divino, che lo guida fra le tenebre morali; le* tre porte *d'Oriente, di Mezzodì e d'Occidente indicano i tre punti dal cielo, ove appare il sole; i* Candelabri *indicano i tre grandi lumi della Massoneria, il* Sole, *la* Luna *ed il* Maestro della Loggia; *il* Globo celeste *indica i limiti del Tempio; la* Porta maestra *indica l'ingresso della* Camera del Mezzo, *o la linea, che divide il Tempo, che finisce e quel che comincia, la morte e la vita, la luce e le tenebre; la* Pietra greggia *è simbolo del Muratore prima del lavorio morale, che debbe foggiarlo e lisciarlo; la* Pietra cubico-piramidale *è simbolo dell' anima perfezionata, che tende al cielo ed è l'attributo speciale del Lavorante.*

Gli utensili *sparsi pel quadro indicano in generale la santità del lavoro; in particolare poi ciascuno indica un precetto: il* Compasso, *che il Lavorante debbe alzare una barriera fra sé e il vizio; la* Livella, *che debbe guardarsi dalla presunzione e dall'orgoglio; il* Maglio, *che debbe tendere sempre a perfezionarsi; la* Squadra *ed il* Piombino, *che debb'essere equo e retto; la* Cazzola, *che debb'essere indulgente e dissimulare i difetti dei Fratelli; la* Tavola dei disegni, *che non debbe scartarsi dal piano datogli da eseguire dal Maestro; il* Regolo di 24 pollici, *che debbe conservare tutti i suoi istanti a compiere l'opera sua; la* Nappa *a frastagli, che attornia il quadro,* avverte il Muratore, che la Società, di cui è membro, è sparsa per tutta la terra, e la distanza non che dividerli, debbe contribuire a legarli più saldamente.

Terminata questa istruzione, si prosegue l'ordine del giorno nel resto della tenuta, e si chiudono secondo il modo prescritto per questo grado.

CHIUSURA DELLA LOGGIA DI SECONDO GRADO

Ven. Che età avete voi?

1° Sorv. Cinque anni.

Ven. Che ora abbiamo?

1° Sorv. Mezzanotte.

Questa Loggia si chiude come la precedente; e non si ha che il nome, il segno, gli applausi a cangiarvi.

APERTURA
D'UNA LOGGIA DI MAESTRO
OSSIA DI TERZO GRADO

DOVERI DEGLI ESPERTI

Appena è aperta la Loggia di Maestro, l'Esperto, che è nello interno, debbe avvisare quel di fuori, che trattasi del Magisterio; affinché questi esamini sul detto grado i Fratelli che si presentassero per essere ammessi ai lavori, e perché possano questi nell'entrare, dare all'Esperto, che è nell'interno, il segnale, il tocco e la parola di passaggio dei Maestri. Questi doveri degli Esperti sono inseparabili dalle loro funzioni; ed è per questo ch'ei debbono procurare di praticarli in tutti i gradi.

APERTURA DELLA LOGGIA DEI MAESTRI

Come tutto sia all'ordine per il Magisterio, il Rispettabile (9) batte da Maestro; i Sorveglianti gli

---

(9) Così chiamasi il Venerabile nella Loggia dei Maestri.

rispondono del pari; poscia, il Rispettabile dice:
Venerabili Fratelli primo e secondo Sorvegliante:
invitate tutti i nostri Venerabili Maestri a volerci
aiutare ad aprire la Loggia.

1° Sorv. Venerabili Maestri della Colonna del Sud:
vi invito per parte del Rispettabile, a volerlo aiutare ad
aprire la Loggia di Maestro.

2° Sorv. Venerabili Maestri della Colonna del
Nord, ecc.

Rispettabile Venerabili Sorveglianti: i Fratelli sono
essi tutti all'ordine?

Sorv. Sì, o Rispettabile.

Risp. Fratello primo Sorvegliante: quale è il
motivo, per cui ci siamo radunati?

1° Sorv. Quello di rinvenire la parola di Maestro,
che si è perduta.

Risp. Quando è cosi, miei Fratelli, andate al Nord
ed al Mezzogiorno a riconoscere tutti i Maestri, che voi
troverete. Certo coi loro lumi voi potrete riavere la
parola, e poi me la renderete.

*I Sorveglianti vanno ciascuno lungo la loro Colonna
a ricevere da ciascun Fratello il tocco da Maestro senza
alcun segnale; e dando loro il bacio della pace, ne ricevono
la parola sacra nel modo richiesto dall'Ordine, e
continuando fino al Rispettabile, gliela rendono colle stesse
formalità, dopo di che ritornano al loro posto.*

Risp. Venerabile primo Sorvegliante: ora che la
parola è ritrovata, che ci rimane a fare?

1° Sorv. Disegnare i piani, che debbono servire di
modello ai Lavoranti.

Risp. Con che dobbiamo noi lavorare?

1° Sorv. Colla creta, con un vaso, e del carbone.

Risp. Che significano queste tre cose?

1° Sorv. Zelo, fervore e costanza.

Risp. Quanti anni avete?

1° Sorv. Sette anni.

Risp. Che ora abbiamo?

1° Sorv. Mezzodì in punto.

Risp. In grazia dell'ora e dell'età, avvisate tutti i nostri cari Fratelli, che la Rispettabile Loggia da Maestro è aperta, e che noi stiamo per cominciare i nostri lavori nel modo consueto (10).

1° Sorv. Venerabili Fratelli, ecc.

2° Sorv. Venerabili, ecc.

Come i Sorveglianti hanno finito d'annunziarlo, il Rispettabile e tutta l'Assemblea fanno il segno e le acclamazioni da Maestro, dopo di che si fanno i ricevimenti o comincia l'Istruzione.

(10) In tutti i tempi il Magisterio fu la ricompensa della Scienza e della Virtù: non la si conferiva che agli uomini più specchiati; ed ogni qual volta si trattava di tenere così fatte adunanze non risparmiavasi alcuna cura, o sorveglianza: quindi è facile comprendere da ciò che si è detto, come non si potesse mai essere sorpresi dai profani ponendo in questa classe gli Apprendisti e i Lavoranti. Questo modo d'aprire la Loggia dei Maestri fu scrupolosamente osservato dagli antichi Venerabili, ma debbesi confessare, a scorno degli ultimi Gran Maestri, che molti tra loro avendo trascurato d'istruirsi nei veri Statuti, si attennero alle false istruzioni, e nelle quali non è fatta parola di questa apertura di Loggia.

RICEVIMENTO AL GRADO DI MAESTRO

Avvertenza

Pel ricevimento ai due primi gradi la Loggia è addobbata nella stessa maniera. Non così per quello di Maestro. La tappezzeria è compiutamente nera. Teschi di morto, scheletri, ossa incrocicchiate vi sono dipinti o ricamati di color bianco. Una sola torcia di cera gialla posta all'Oriente rischiara la Loggia, che in questi lavori si chiama la *Camera del Mezzo.* Il Presidente, che in questa Loggia si chiama non più Venerabile come nelle altre, ma *Rispettabile,* ha sul suo altare oltre la Spada fiammeggiante, la Bibbia, la Squadra, il Compasso ed il suo Martello di direzione, il quale è imbottito alle due estremità, ed una lanterna cieca formata di un teschio, da cui la luce esce solo dall'apertura degli occhi e della bocca. I Sorveglianti in luogo del Maglio hanno in mano un rotolo di cartone lungo diciotto pollici e della circonferenza di dodici. Il primo Sorvegliante ha di più sull'altare una Squadra, e il secondo un Regolo di 24 pollici. In mezzo della Loggia è posto un cataletto coperto di un drappo nero. A capo del cataletto verso Occidente è posta una Squadra. A piedi verso Oriente un Compasso aperto, e sopra un ramo d'Acacia. Tutti i Fratelli hanno il cappello in capo, e portano, oltre al grembiale, ad armacollo un nastro verde marezzato, sul quale sono ricamate lo insegne adottate dal Grande Oriente e dal quale pendono una Squadra ed un Compasso intrecciati.

Il Rispettabile apre i lavori nella maniera, che è prescritta nel Rituale di terzo grado. Il Candidato viene condotto alla porta della *Camera del Mezzo* dal Ceremoniere, con una Squadra appesa al braccio destro (11): una corda lo annoda con triplice giro alla cintura, ed è tenuta pei capi dal Maestro delle Ceremonie, che lo accompagna. Questi gli fa battere alla porta da Lavorante. A questo rumore l'Assemblea si scuote.

1° Sorv. Rispettabile: un Lavorante batte alla porta.

Risp. Informatevi come mai ha potuto giungervi, e che vuole.

1° Sorv. (Va alla porta, si informa e poi risponde) Egli è il Fratello Ceremoniere, il quale presenta alla Loggia un Lavorante, che, terminato il suo tempo, chiede d'essere ricevuto Maestro.

Risp. Perché mai il Ceremoniere viene egli a turbare il nostro lutto? Non avrebbe egli dovuto piuttosto in questo momento allontanare ogni persona sospetta e sopra tutto un Lavorante? E chi sa che questo Lavorante non sia uno di quegli sciagurati, che ne cagionano questo lutto, e che il Cielo non lo abbia così dato nelle nostre mani? Fratello Esperto: armatevi ed assicuratevi di questo Lavorante: visitate attentamente tutta la sua persona; esaminate sopra tutto le sue mani; assicuratevi ad ogni modo che non porti alcuna traccia di complicità nel delitto orribile, che fu commesso.

---

(11) Suole presso le Logge di altri Riti avere altresì il braccio e la mammella sinistra scoperte e i piedi scalzi, e lo si spoglia d'ogni metallo, che avesse sopra di sé. S'è creduto di evitare questa formalità, per cansare il più che si potesse il disagio al Candidato. È però necessario ch'esso la conosca.

F. Esperto (Corre tosto presso al Candidato; lo visita; gli strappa il grembialetto, poi rientra in Loggia, lasciandolo sotto la guardia di quattro Fratelli armati) Rispettabile: ho eseguilo gli ordini vostri; non ho trovato nulla su quel Lavorante, che lo accusi d'omicidio: son netti i suoi abiti, pure le sue mani, ed il grembiale, che io vi reco, è senza macchia.

Risp. Venerabili Fratelli: voglia il Grande Architetto che il presentimento, che mi turba non sia fondato, e che questi non sia uno dei Lavoranti, cui sovrasta la nostra vendetta. Non credete voi tuttavia che sia bene interrogarlo? Le sue risposte ci faranno accorti del concetto, in cui dovremo tenerlo *(tutti accennano di sì)*. Fratello Esperto: chiedete a questo Lavorante come osi egli sperare di essere ricevuto fra noi?

Cand. Dando la parola di passaggio.

Risp. Il motto di passaggio! Come lo conosce egli? Ciò non può essere, che frutto del suo delitto... Venerabile Fratello primo Sorvegliante, portatevi presso di lui ed esaminatelo di bel nuovo scrupolosamente.

1° Sorv. (Esce dalla Loggia, esamina minutamente le vestimenta del Candidato, e giunti alla mano destra grida) Gran Dio! che ho mai veduto! *(Lo afferra per la mano e gli grida minacciosamente)* Parla, miserabile! Come darai tu la parola di passaggio? Chi te l'ha detta?

Cand. Io non la so: ma la mia guida la darà per me.

1° Sorv. Rispettabile: questo Lavorante dice di non sapere la parola di passaggio, ma che la darà chi lo accompagna.

Risp. Fatevela dunque dare, o Fratello primo Sorvegliante.

M. delle Cer. (Pronuncia il motto di passaggio all'orecchio del primo Sorvegliante).

1° Sorv. È giusto, Rispettabile *(Qui s'introduce il Candidato facendolo camminare all'indietro, e lo si conduce a piedi della specie di cataletto, posto in mezzo alla Loggia, ove è disteso l'ultimo Maestro ricevuto, coperto di un drappo mortuario fino alla cintola, tenendo in mano un ramo di Acacia. Colà giunto il Candidato è fatto volgere verso l'Oriente)*

Risp. Lavorante: voi dovete essere molto imprudente, e molto ignaro delle convenienze per presentarvi qui, nel momento, che noi piangiamo la morte del Rispettabile Maestro Adon-hiram, assassinato da tre Lavoranti, mentre tutti i Fratelli del vostro grado ci sono a sì giusta ragione sospetti. Parlate! Aveste voi parte in quell'orribile assassinio? Siete voi del numero di quegli infami, che lo commisero? Mirate l'opera loro *(mostra al Candidato il Maestro, che è nel cataletto).*

Cand. No.

Risp. Allora fatelo viaggiare.

M. delle Cer. (Prende il Candidato per la mano destra e gli fa fare il giro della Loggia accompagnato da quattro Fratelli colle spade sguainate e dall'Esperto, che tiene la corda, ond'è legato. Giunto all'Oriente il Candidato batte tre colpi sulla spalla del Rispettabile)

Risp. Chi va là?

M. delle Cer. Egli è un Lavorante, che ha finito il suo tempo, o chiede accesso alla *Camera del Mezzo.*

Risp. Come spera egli di arrivarci?

M. delle Cer. Col motto di passaggio.

Risp. Come lo darà egli se l'ignora?

M. delle Cer. Io lo darò per esso *(Dice la parola di passaggio all'orecchio del Rispettabile).*

Risp. Passi pure.

M. delle Cer. (Conduce il Candidato all'Occidente, donde lo fa giungere all'Oriente colla marcia misteriosa del grado di Maestro (12). Giunto all'altare s'inginocchia; gli sono poste le due punte di un Compasso sul petto, e stendendo una mano sulla Bibbia, pronuncia il seguente giuramento):

«Giuro e prometto alla presenza del Grande Architetto dell'Universo sopra la mia parola d'onore e sopra la fede di Libero Muratore, davanti a questa Rispettabile Assemblea, di non rivelare in alcuna maniera ad alcun *Lavorante, Apprendista,* o *Profano,* alcuno dei segreti della Maestria, che mi sono e mi saranno confidati, sotto le pene, a cui mi sono sottoposto nelle precedenti mie obbligazioni, e rinnovo in questo momento tutti gl'impegni, che ho contratto coll'Ordine. Così il Grande Architetto mi sia di guida».

Risp. Alzatevi, o Fratello: voi dovete rappresentare il rispettabile Maestro Adon-hiram, che fu crudelmente assassinato in sul termine della costruzione del Tempio

---

(12) Questa marcia si fa mettendo i piedi in isquadra, poi movendo da Lavorante, colla differenza che ad ogni passo si alza molto il piede come se si volesse evitare qualche cosa che c'impedisce il cammino.

di Salomone, come saprete in breve *(qui il Rispettabile scende dal seggio; si pone a' piè dei gradini dell'Oriente in faccia al Candidato. Gli altri astanti si radunano intorno alla bara, donde si sarà furtivamente tolto il Fratello, che vi stava coricato. Ciò fatto il Rispettabile così prosegue):*

Adon-hiram, celebre Architetto, era stato dal Re di Tiro, Hiram, inviato a Salomone per dirigere la costruzione del Tempio di Gerusalemme. Immenso era il numero degli Operai. Adon-hiram li distribuì in tre classi, ciascuna delle quali percepiva una paga proporzionata al grado di abilità, che aveva. Queste classi erano quelle di Apprendista, di Lavorante e di Maestro. Ciascuna di esse aveva i suoi misteri particolari, e si riconoscevano fra loro per via di parole, segni, e tocchi proprii. Gli Apprendisti lucravano il loro soldo alla colonna B, i Lavoranti alla colonna I, i Maestri nella Camera del Mezzo; e questo soldo era pagato da uffiziali, dopo di avere ben bene esaminato ciascuno intorno ai misteri del suo grado. Or tre Lavoranti veggendo la costruzione del Tempio volgere al suo fine, e che essi non avevano peranco ottenuto la parola di Maestro, risolvettero di strapparla a forza al Rispettabile Adon-hiram, a fine di passar per Maestri in altri paesi, e farsene dare la paga. Questi sciagurati, chiamati Iubelas, Iubelos, e Iubelum, sapevano come Adon-hiram soleva recarsi in sul mezzodì a pregare nel Tempio, mentre che gli Operai si riposavano. Lo spiarono, e come lo videro entrar nel Tempio si posero in agguato a ciascuna delle tre porte; Iubelas a quella di Mezzodì, Iubelos a quella d'Occidente e Iubelum a quella d'Oriente, ed aspettarono che egli si presentasse per uscire. Adon-hiram si avviò prima alla porta di Mezzodì. Iubelas gli chiese il motto di Maestro, e rifiutando egli di darglielo prima che avesse fatto il suo tempo, gli assestò attraverso la gola un gran colpo col Regolo di ventiquattro pollici, che teneva in mano *(il Rispettabile s'interrompe come se volesse posare alquanto)*.

M. delle Cer. (Conduce il Candidato presso il Secondo Sorvegliante)

2° Sorv. (al Candidato). Datemi il motto da Maestro.

Cand. No.

2° Sorv. Datemi il motto da Maestro.

Cand. No.

2° Sorv. Datemi il motto da Maestro.

Cand. No.

2° Sorv. (Batte il Candidato con un colpo di Regolo alla gola).

Risp. Adon-hiram fuggì alla porta d'Occidente, ove lo attendeva Iubelos, che non riuscendo meglio dello scellerato compagno ad ottenere la parola da Maestro, gli diede furiosamente sul cuore la Squadra di ferro, di che era armato *(s'interrompe come sopra, e il Candidato è condotto al primo Sorvegliante)*.

1° Sorv. Datemi la parola dei Maestri.

Cand. No.

1° Sorv. Datemi la parola dei Maestri.

Cand. No.

1° Sorv. Datemi la parola dei Maestri.

Cand. No.

1° Sorv. (Gli mena un colpo della Squadra al cuore, dopo di che il Candidato è ricondotto all'Oriente).

Risp. Scosso a quel colpo, Adon-hiram raccolse quanto ancor gli rimaneva di forze, per salvarsi alla porta di Oriente. Ma vi si era appostato Iubelum, che gli chiese come i suoi due complici, il motto di Maestro; e non ottenendolo, gli diè così forte del Maglio in sulla testa, che lo stese morto a' suoi piedi *(Il Rispettabile s'interrompe come sopra, ma bruscamente, ed afferrato il Maglio, ne percuote il Candidato sulla fronte. Due Fratelli, che gli sono ai fianchi lo trascinano indietro e lo coricano sul cataletto, che in tal momento debbe essere dietro di lui; lo si copre col drappo funebre, e si pone presso di lui un ramo d'Acacia).*

Risp. (proseguendo) Gli assassini essendosi poscia riuniti, si chiesero l'un l'altro la parola di Maestro e, veggendo come non avessero potuto ottenerla da Adon-hiram, dolenti di non aver tratto alcun profitto del loro delitto, si diedero a doverne cancellare ogni traccia. A tal effetto essi tolsero il cadavere e lo nascosero sotto certi rottami. Venuta poi la notte, lo portarono fuori di Gerusalemme, e lo sotterrarono sopra una montagna. Ma non veggendosi più, come solevasi, Adon-hiram assistere ai lavori del Tempio, Salomone diè ordine a nove Maestri che lo dovessero cercare. Questi Fratelli tennero successivamente varie strade, ed il secondo giorno arrivarono al monte Libano. Là uno di essi, spossato dalla stanchezza, si riposò sopra un tumulo, e si accorse che la terra vi era stata smossa di fresco. Chiamati tosto i compagni gliene fece notare. Tutti uniti si diedero tosto a scavare la terra, e non tardarono a scoprire il corpo di Adon-hiram; e videro con dolore che il loro Rispettabile Maestro era stato assassinato. Non osando per rispetto spinger più oltre le loro ricerche, ricopersero la fossa; e per riconoscere il sito tagliarono una rosta di Acacia e ve la piantarono sopra. Allora essi recaronsi da Salomone e gli riferirono ogni cosa... Fratelli! imitiamo noi pure quegli antichi Maestri. Venerabili Fratelli, primo e secondo Sorvegliante: partite ciascuno sulla vostra Colonna e cercate il Rispettabile Maestro Adon-hiram.

1° e 2° Sorv. (Partono in senso inverso, dirigendosi l'uno al Nord, l'altro al Mezzodì. Il primo s'arresta presso il Candidato, solleva la coperta funebre, che lo ricopre e gli pone nelle mani un ramo d'Acacia).

1° Sorv. Rispettabile. Ho trovato una fossa di fresco scavata, ove giace un cadavere, che io suppongo essere quello del nostro Rispettabile Maestro Adon-hiram. Io vi ho piantato un ramo d'Acacia, a fine di riconoscerlo più facilmente.

Risp. A questa infausta notizia, Salomone si sentì preso dal più grave dolore. Egli giudicò che la spoglia mortale rinchiusa in quella fossa non poteva essere che quella del suo Grande Architetto Adon-hiram. Egli ordinò ai Fratelli di farne il trasporto a Gerusalemme. Egli raccomandò loro sopra tutto di cercare sopra di Lui la parola di Maestro: osservando che, dove non l'avessero trovata, ne dovevano conchiudere che la si era perduta. In questo caso, egli loro comandò di ricordarsi bene il gesto che farebbero, e la parola, che pronuncerebbero al vedere il cadavere; affinché, quel segno e quella parola, si potessero sostituire al segno ed alla parola perduta. I nove Fratelli, si misero il grembiale e i guanti bianchi; e giunti al monte Libano, essi ne levarono il corpo... Fratelli miei! imitiamo anche in questo gli antichi Maestri, e proviamoci di levare le spoglie dell'infelice nostro Maestro Adon-hiram *(il Rispettabile fa il giro della bara con tutti i Fratelli, giunto alla destra del Candidato, si ferma e gli toglie di mano il ramo d'Acacia).* Eccoci arrivati al luogo, ove giace la salma del nostro Rispettabile Maestro: questo ramo d'Acacia n'è il sinistro indizio. Venerabili Fratelli, leviamone la spoglia *(solleva il drappo mortuario e lo scopre interamente; quindi fa il segno e pronuncia la parola da Maestro; i due Sorveglianti sollevano il Candidato, e lo conducono davanti l'Altare).*

Risp. In virtù dei poteri, onde sono depositario, ed alla gloria del Grande Architetto dell'Universo, io vi costituisco, o Fratello N. N. Libero Muratore, al grado di Maestro, e ve ne conferisco le insegne *(Così dicendo gli pone ad armacollo la fascia verde marezzata. Passa quindi ad insegnarli la parola sacra, quella di passo, l'ordine, la batteria, la marcia, il segnale da Maestro; quindi volto ai Sorveglianti dice):* Fratelli primo e secondo Sorvegliante: invitate i Fratelli delle vostre rispettive Colonne, a riconoscere d'ora innanzi il Fratello N. N. qui presente, quale Libero Muratore al grado di Maestro, e di usargli tutti i riguardi, che competono al suo grado.

1° Sorv. Fratelli della Colonna del Sud: il Rispettabile v'invita a riconoscere quindi innanzi il Fratello N. N. qui presente, come Libero Muratore al grado di Maestro, e di usargli tutti i riguardi dovuti al suo grado.

2° Sorv. Fratelli della Colonna del Nord, ecc.

Risp. V'invito, o Fratelli, a far meco una triplice batteria in onore del nuovo Maestro. A me per il segno *(tutti si mettono all'ordine, e fanno il segno con lui).* A me per la batteria *(battono con esso).*

M. delle Cer. (*Conduce il nuovo Maestro a sedere all'Oriente, a destra dal Rispettabile*).

Oratore. Pronuncia un discorso, di cui ecco la sostanza:

«Lo Massoneria risale a tempi antichissimi, come vuolsi dimostrare coll'èra sua; ha subito varie modificazioni per adattarsi allo spirito di ogni secolo, conservarne il buono e migliorarlo. - Misteri Egizii, Greci, Romani, Siriaci. - Lo stesso era dei popoli settentrionali, Germani, Galli. - Pitagora aveva una dottrina misteriosa (Acroamatica) che compieva la popolare o *Essoterica*. - La Massoneria ha simboli analoghi. Nei suoi misteri come negli antichi, le forze della natura sono rappresentate per simboli non rivelati se non agli iniziati. - Gli Ufficiali di una Loggia rappresentano i Grandi Agenti della creazione. In tutti i misteri si hanno tre gradi, e si ebbero anticamente. - Solo più tardi alcuni ciarlatani che abusarono per vile guadagno della vanità altrui, ne introdussero altri. - Gli antichi non ammettevano ai misteri che dopo durissima prova, ed un giuramento gravissimo, sancito da pene atroci, di non rivelare i misteri ai profani.

La leggenda di Adon-hiram rappresenta il corso annuo del Sole. - I tre gradi rappresentano tre periodi del suo corso. - Il primo grado, il tempo corso dal solstizio invernale all'equinozio di primavera. - Il secondo rappresenta il periodo che corre dall'equinozio di primavera a quello d'autunno. - Il terzo il periodo dall'equinozio autunnale al solstizio d'inverno. - Perciò il Profano è posto nelle tenebre - e percorre le dure vicende delle prove, in cui è purificato coll'aria, coll'acqua, e col fuoco - perciò è accompagnato dal Fratello Terribile simbolo del Male.

Nel secondo grado *il Lavorante* simboleggia il Sole che dà forma e bellezza alla natura intiera.

Nel terzo grado rinfoscasi la scena, perché il Sole ridiscende in fatti verso la regione delle tenebre. - Nella leggenda di Adon-hiram, il Tempio quasi terminato significa l'anno che volge al termine. - I tre Lavoranti sono i tre mesi d'autunno, cospiranti contro al Sole. - Le tre porte del Tempio sono i tre punti del Cielo, ove si vede il Sole. - Non può dare la parola, simbolo della vita, perché appunto è l'autunno, ed ha perduto la forza motrice. - II Regolo di 24 pollici, da cui viene percosso alla gola, è il giorno, che scemando reca il primo colpo al Sole. - La Squadra, che gli dà il secondo colpo, indica la stagione, che è appunto un quadrante del Zodiaco. - Il Maglio, il quale è cilindrico, è simbolo del giro intero dell'anno, che finisce. - I nove Maestri, che vanno in cerca del Rispettabile Adon-hiram sono i nove mesi buoni dell'anno, che ridanno vita al Sole. - Il ramo d'Acacia consacrato al Sole dagli Arabi, è come il ramo d'Oro di Virgilio, quel di Mirto dei Greci, il Vischio dei Galli ecc. - La tomba e l'albero vivo d'Acacia, sono il mistero della vita intrecciato a quel della morte, che governa il mondo *(In questa iniziazione s'entra in Loggia all'indietro, par segnare il cammino retrogrado del Sole d'inverno).* - La marcia fatta dal Candidato indica il giro del Zodiaco.

Gli ornamenti hanno il loro significato. - Il Grembiale è semicircolare e significa l'emisfero interiore. - Il Cordone è la fascia zodiacale. - Il Compasso indica colla sua testa il Sole, colle sue gambe i raggi. - La Squadra indica la porzione di circonferenza terrestre rischiarata dal Sole al zenith. - Nei numeri la Massoneria ha pur preso dagli antichi misteri, giusta il dettato *Numero Deus impari gaudet.* - I sette brindisi son le sette libazioni ai pianeti degli antichi misteri. L'Apprendista ha tre anni, che rappresenta la generazione ne' suoi tre elementi, *agente, paziente,* e *prodotto.* — Il Lavorante ha cinque anni, simbolo della vita attiva nei suoi cinque sensi. - Il Maestro ha sette anni, simbolo della vita perfetta simboleggiala dai sette pianeti.

Qui si arresta la legittima e vera Massoneria. - Il resto è invenzione dei suoi nemici per iscreditarla, o mercimonio vile di indegni ciarlatani. La Rosa-Croce fu recata dai Gesuiti, il Kadosch-templario furono inventati per interessi politici opposti alla Massoneria. - I Gradi Ermetici da mercenari sfrontati che promisero agli adepti il secreto di produr l'oro».

(Terminato questo discorso si passa all'ordine del giorno e si terminano i lavori come al solito).

Chiusura dei lavori del terzo grado.

Risp. Quanti anni avete?

1° Sorv. Sette anni.

Risp. Che significa quest'età?

1° Sorv. Il tempo impiegato da Salomone a costruire il Tempio.

Risp. Che ora è?

1° Sorv. Mezzanotte precisa

Si chiude questa Loggia come quella dei Lavoranti; non si mutano che i nomi e le acclamazioni.

QUADRATO MISTICO ITALIANO

CONTENENTE PAROLE SACRE E DI PASSO
DEI TRE GRADI

K.	A	C	C	I	I	K.
J	T	I	B	H	B	N
S	A	U	N	E	K.	L
L	C	C	B	K.	N	G
K.	E	I	H	A	M	A
O	B	T	B	I	L	A
K.	Z	O	H	O	N	C

CHIAVE DELL'ALFABETO MASSONICO ITALIANO

A B.	C D.	E F.
G H.	I L.	M N.
O P.	Q R.	S T.

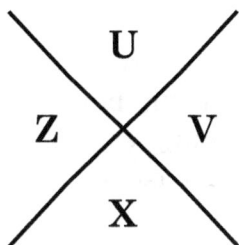

DELLE AGGREGAZIONI

Talora avviene che un Fratello appartenente ad Orienti stranieri desideri, per un motivo plausibile e ammesso dalla Loggia, essere ascritto al Grande Oriente nostro. In tal caso lo si riceve in una Loggia d'Apprendista per farlo conoscere a tutti i Fratelli.

Viene condotto, come se fosse un Visitatore e colle medesime formalità, fra le due Colonne. Interrogato dal Venerabile, se liberamente sia venuto nel proposito di aggregarsi al nostro Oriente, e delle cause che ve lo indussero, viene dal Fratello Ceremoniere condotto all'Altare del Venerabile, ove pronuncia il seguente giuramento:.

«Alla presenza del Grande Architetto dell'Universo, e di questa Rispettabile Loggia, io N. N., appartenente già alla Loggia di... all'Oriente di... col grado di... giuro e prometto sulla mia parola d'onore obbedienza e soggezione al Grande Oriente d'Italia, al quale di mia libera e spontanea volontà, chiedo di essere aggregato; e rinunzio da questo punto a tutti i vincoli che mi legano al Grande Oriente di... tranne quelli di fratellanza e di amore che legano tutti i Liberi Muratori dell'Universo».

I Fratelli rispondono: Amen!

Ciò fatto, il Venerabile lo proclama e lo fa riconoscere dalla Loggia come suo membro effettivo, nello stesso modo onde si proclamano i nuovi iniziati.

LOGGIA DI MASTICAZIONE

———————   ———————

Siccome l'Istruzione della Loggia di Masticazione fa parte dei misteri dell'Ordine, così debbesi questa Loggia tenere in luogo tanto ben *riparato,* quanto quella delle Iniziazioni. Sarà apprestata una mensa in forma di ferro da cavallo tanto grande, ove lo consenta la vastità del locale, perché tutti i Convitati possano essere all'esterno di essa. Il Venerabile debb'essere sempre collocato all'Oriente sul mezzo della tavola, ed avere l'Oratore a destra; i Sorveglianti occupano l'Occidente, ai due capi della tavola; i Maestri occupano il Mezzogiorno, badando di cedere il posto d'onore a tutti i Visitatori, che si presentano; i nuovi Iniziati sono posti al Nord a lato dell'Oratore, e i Lavoranti occupano il resto di questo lato. Il Fratello Ambasciatore debb'essere nella parte interna della mensa rimpetto al Venerabile, e non debbe far altro che ringraziare, dopo il brindisi dei Principi.

Quanto costituisce il servizio della mensa debb'essere disposto su tre linee parallele, in modo che i tondi formino la prima linea, le bottiglie ed i bicchieri la seconda, i piatti di servizio e i lumi la terza. Debbe ancora notarsi che tutto ciò che si adopera nel banchetto cambia di nome; tanto che i bicchieri si chiamano *cannoni*, le bottiglie *barili*, il vino nero *polvere rossa*, il bianco *polvere forte*, l'acqua *polvere debole*, il pane *pietra greggia*, le pietanze *materiali*, le candele *stelle*, i piatti *tegole*, i coltelli *spade*, il sale *sabbia*, la tovaglia *gonfalone*, i tovaglioli *bandiere*, i cucchiai *cazzuole*.

APERTURA DI UNA LOGGIA DI MASTICAZIONE

Come ogni cosa sia disposta convenientemente, il Venerabile si alza, con esso l'Assemblea; batte tre colpi d'Apprendista sulla tavola, e i Sorveglianti rispondono nel modo stesso. Dopo ciò il Venerabile dice:

Fratelli primo e secondo Sorvegliante: invitate i nostri cari Fratelli tanto della Colonna del Mezzodì come di quella del Nord, a volerci aiutare ad aprire la Loggia d'Apprendista Muratore, e d'Istruzione di Masticazione.

1° Sorv. Fratelli che decorate la colonna del Mezzodì, ecc. (13)

2° Sorv. Fratelli che decorate ecc.

(13) Siccome è di rigore che i Sorveglianti ripetano alla loro Colonna ciò che il Venerabile annunzia o comanda, come è detto all'apertura e chiusura della Loggia d'Apprendista, così ci asterremo dal ripetere ogni volta ciò che hanno a fare, potendosi agevolmente intendere.

Terminato che sia l'annunzio il Venerabile l'interroga come nell'apertura della Loggia d'Apprendista, e dopo l'ultima domanda dice:

In grazia dell'ora e dell'età, che avete, avvisate tutti i nostri cari Fratelli che la Loggia d'Apprendista ed i lavori di Masticazione sono aperti, e che noi li cominceremo nel modo consueto.

1° Sorv.　　Miei Fratelli, che decorate ecc.

2° Sorv.　　Miei Fratelli, ecc.

Terminato che abbia il secondo Sorvegliante di fare l'annunzio, il Venerabile e tutta l'adunanza fa il segno d'Apprendista e le acclamazioni solite: dopo di che ciascuno si asside, adoperando i materiali che ha dinanzi, fintanto che il Venerabile annunzii i primi tre brindisi d'obbligo.

Debbesi badare sempre ai colpi di Martello, che il Maestro od i Sorveglianti battono, e lasciare ogni operazione per intendere ciò che essi propongono e potervi prender parte. Non è lecito in questa Loggia il parlare di faccende o di relazioni profane; la più lieve mancanza contro l'urbanità e la decenza vi è punita; l'ebrietà a la ghiottoneria vi sono trattate come meritano, vale a dire come grandi vizii; infine il solo sentimento, che debbe avere un Libero Muratore è quello di farsi stimare in un'Assemblea d'uomini dotti e vincolati dall'onore e dall'amicizia. Non è tanto una virtù quanto è un dovere l'essere sobrio e temperante. L'uomo sensuale, che mancando a se stesso obblia il rispetto, che debbe alla Società, non merita che lo sprezzo generale.

Egli è sempre al principio del banchetto che si fanno i tre primi brindisi d'obbligo, che sono quelli del Re, della Regina e della Reale Famiglia; quello dell'Illustrissimo e Serenissimo Gran Maestro di tutte le

Logge Italiane. Aggiungasi a questi il brindisi a tutti i Liberi Muratori sparsi sulla superficie del Globo, che si adoperano per la redenzione e libertà dei Fratelli, e ai Principi protettori della Massoneria. Riporteremo per saggio il primo di questi brindisi solo, giacché gli altri non diversificano che pel nome e i titoli.

Primo Brindisi

Il Venerabile batte un colpo, i Sorveglianti fanno altrettanto, poscia il Venerabile dice:

Fratelli primo e secondo Sorvegliante: fate spianare e caricare le armi pel primo brindisi importantissimo per l'intero Ordine.

1° Sorv. Fratelli della mia Colonna di ogni grado e qualità: caricate e spianate le armi pel primo brindisi d'uso importantissimo a tutto l'Ordine.

2° Sorv. Fratelli della mia colonna di ogni grado ecc.

Come il secondo Sorvegliante avrà terminato, tutta l'Assemblea carica i cannoni di polvere rossa tanto forte o debole quanto ciascuno lo crederà opportuno; come i barili siano a posto, il Venerabile dice:

Fratelli primo e secondo Sorvegliante: i cannoni sono essi carichi e spianati?

I Sorveglianti osservano, e come tutto sia all'ordine rispondono:

1° Sorv. Si, o Venerabilissimo.

2° Sorv. Si, o Venerabilissimo.

Come avranno questi risposto, il Venerabile ai alza e si mette all'ordine, l'Assemblea fa altrettanto. Poscia egli annunzia il brindisi in questo modo:

Ven. Fratelli primo e secondo Sorvegliante: annunziate a tutti i nostri cari Fratelli che il brindisi, che ho il piacere di proporre, è diretto al nostro Re gloriosamente regnante, per la cui conservazione mai non cesseremo di far voti, come pure per la prosperità dello Stato e l'avvenire della patria nostra; noi aggiungeremo a questo brindisi quello di Sua Maestà la Regina e della Reale Famiglia, come pure di tutto ciò, che ha la fortuna di appartenerle. Egli è ad un brindisi così caro, che sono diretti questi spari a *polvere rossa*, collo zelo di una rispettosa amicizia, facendo fuoco giusto e perfetto.

1° Sorv. Fratelli, che decorate la Colonna del Sud: il brindisi proposto dal Venerabile è quello del nostro Re gloriosamente regnante, per la cui conservazione non cesseremo giammai di porger voti, come per la prosperità dello Stato e l'avvenire della Patria. Egli vuole aggiungere a questo ancora il brindisi di Sua Maestà la Regina, e della Reale Famiglia e di ogni cosa, che abbia la sorte di appartenerle. Egli è per far tale brindisi con tutta la distinzione della Libera e Reale Massoneria, che vi prega di far questi spari a *polvere rossa,* collo zelo d'un'amistà rispettosa, facendo fuoco giusto e perfetto.

2° Sorv. (Dice altrettanto alla sua Colonna, e come questi avrà finito, il Venerabile comanda il fuoco con questo ordine):

Mano all'armi *(si dà mano al bicchiere).*

Alzate le armi *(si alza il bicchiere all'altezza del petto)*.

Puntate *(si appressa il bicchiere alla bocca)*.

Fuoco giusto e perfetto *(si beve in uno od in tre sorsi secondo l'esempio che ne darà il Venerabile)*.

Come tutti i Fratelli avranno consumato la loro polvere il Venerabile dice:

L'armi avanti *(Si porta il bicchiere all'altezza del petto, come al secondo comando, imitando sempre il Venerabile, poi si porta alla mammella sinistra, quindi alla destra, e di lì di nuovo avanti come al secondo comando, tanto che si figuri un triangolo. Come siasi fatto tre volte questo movimento, si depone il bicchiere sulla mensa in tre tempi; cioè prima lo si porta sul tavolo un po' orizzontalmente a sinistra, in secondo luogo lo si striscia parallelamente a destra, poi si depone fortemente sul tavolo. Dopo di che si battono tre volte tre colpi colle palme e si grida tre volte* Evviva!*)*.

Ringraziamento dell'Ambasciadore.

Come il Fratello Ambasciadore udirà portare il brindisi del Re, debbe levarsi, metter mano alla spada, discendere all'Occidente tra i due Sorveglianti e rimanervi finché tutti siansi di nuovo seduti.

Allora egli rimette la sua spada nel fodero, prende il suo cannone, che un Fratello Servente gli presenta, e ringrazia in questi termini:

Venerabile Maestro, così degno del grado a cui vi veggo innalzato; Fratelli primo e secondo Sorvegliante; Fratelli Dignitarii, e Visitatori; Fratelli membri di questa Loggia; Fratelli miei, il Re, mio Signore, grato alla cura, che voi vi prendete di bere alla sua salute, volle deputarmi a voi per attestarvi la sua giusta riconoscenza. Io non potrei meglio sdebitarmi verso di voi in suo nome, che servendomi dell'armi dei Franchi e Liberi Muratori, per mostrarvi i sentimenti che voi m'inspirate. Per la qual cosa io farò questo sparo a *polvere rossa* con fuoco giusto e perfetto.

Dopo ciò beve, osservando tutte le formalità dianzi mentovate. Alcuni istanti dopo che i tre brindisi saranno fatti, i Sorveglianti e l'Oratore portano quello del Venerabile della Loggia, nel modo seguente:

Brindisi del Venerabile portato dai tre primi Uffiziali.

Il primo Sorvegliante batte un colpo, il secondo fa altrettanto. A che il Venerabile risponde col suo Martello, e dice:

Fratelli primo e secondo Sorvegliante, che volete?

1° Sorv. Venerabilissimo: il Fratello Oratore, il secondo Sorvegliante ed io, vi preghiamo di volerci accordare di caricare le armi e di spianarle per un brindisi a noi carissimo, che vorremmo proporre.

Ven. Fratelli miei in tutti i vostri gradi e qualità: caricate e spianate le armi per un brindisi, che i cari nostri Fratelli Oratore e Sorveglianti vogliono proporvi.

Tutti i Fratelli, come pure il Venerabile, caricano il loro cannone, e come avranno finito, il Venerabile dice:

Fratelli primo e secondo Sorvegliante: i cannoni sono essi carichi e spianati?

I sorveglianti osservano; e come tutto sia in ordine rispondono: Si, o Venerabilissimo.

Ven. L'Oriente si unisce ai nostri desiderii; quale è il brindisi che avete a proporre?

1° Sorv. Il vostro, o Venerabilissimo. Fratelli della mia Colonna: secondo i vostri gradi e qualità, il brindisi, che i cari Fratelli Oratore, secondo Sorvegliante ed io, abbiamo il piacere di proporvi, è quello del nostro Venerabile Maestro qui presente, e di tutto ciò, che ha la sorte di appartenergli; egli è per un brindisi così caro, che ci bisogna unirci a sparare a polvere rossa colle distinzioni dell'illustre, Libera e Reale Massoneria, e per tre volte tre fare fuoco giusto e perfetto.

2° Sorv. Fratelli della mia Colonna ecc.

Oratore. Fratelli del Mezzodì e del Nord ecc.

Come l'Oratore avrà terminato l'annunzio, il primo Sorvegliante comanda il fuoco nel modo dianzi espresso, ed allorché tutta l'Assemblea (eccetto il Venerabile) (14) avrà sparato, e finite le acclamazioni d'ordine, il Venerabile, che debbe avere il suo cannone carico, ringrazia secondo l'uso, e come egli avrà applaudito, il primo Sorvegliante, dice: A me, o Fratelli.

Alle quali parole tutta l'Assemblea, eccetto sempre il Venerabile, comincia gli applausi, termina colle acclamazioni.

Siccome si usa ancora di fare un brindisi agli Apprendisti, egli è giusto che loro s'insegni pure il modo di ringraziare. Ecco in che modo s'hanno a governare.

Ringraziamento degli Apprendisti.

Dopo che il Venerabile e tutti i Fratelli avranno applaudito al brindisi degli Apprendisti, questi

(14) Coloro, ad onore dei quali è fatto il brindisi, non beono mai cogli altri, ma dopo, in segno di ringraziamento.

domandano la parola nel modo conosciuto; ed ottenutala, il più anziano fra loro si alza, e dice: Venerabile Maestro, che tanto adornate il nostro Oriente; Fratelli primo e secondo Sorvegliante, e voi tutti o Fratelli del lato del Mezzodì e del Settentrione in tutti i vostri gradi e qualità; nessuno può essere più grato che i miei Fratelli Apprendisti ed io, che ho la sorte di farne parte, agli attestati di stima e di amicizia che voleste darci, bevendo in nostra onoranza. Per mostrarvene la nostra viva riconoscenza, noi spareremo in atto di ringraziamento una cannonata a polvere rossa in vostra gloria, e nel numero conosciuto dai fortunati mortali discepoli della vera luce, facendo fuoco giusto e perfetto.

Due altri Apprendisti ripetono l'un dopo l'altro (15) le parole del primo; e come avranno finito, tutti quelli del grado bevono, osservando le stesse formalità dianzi indicate.

Allorché tutti i brindisi particolari sono terminati, si termina il banchetto con canti fatti in onore dell'Ordine, che tutti i Fratelli cantano in coro. Terminati i canti il Venerabile batte il Martello, chiamando all'Ordine i Fratelli per l'ultimo brindisi, e dice: Fratelli primo e secondo Sorvegliante: fate caricare e spianare le armi per l'ultimo brindisi d'obbligo al nostro Ordine.

(15) L'Ordine vuole che tre siano tanto a proporre come a ringraziare di un brindisi; e quando non vi ha che un Fratello del grado, a cui è dato questo onore, si unisce il suo brindisi a quello del grado superiore; qualora però ne siano due, l'Oratore è in obbligo di supplire al terzo. Questa regola è generale salvo che pel brindisi del Re e del Venerabile.

1° Sorv. Fratelli della Colonna, ecc.

2° Sorv. Fratelli della Colonna, ecc.

Come l'Assemblea avrà obbedito, i Sorveglianti dicono:

1° Sorv. Venerabilissimo: le armi sono cariche ed all'ordine dal lato di Mezzodì.

2° Sorv. Venerabilissimo: elle lo sono anche al Settentrione.

Allora il Venerabile e tutti i presenti si alzano, e poi incrociando le braccia si pigliano reciprocamente per mano, dando la destra al Fratello di sinistra e viceversa, e formano la catena d'unione tutti insieme, senza pur eccettuare i Fratelli Serventi (16). In questo mentre il Venerabile intuona il Cantico di chiusa, cui fanno coro tutti i presenti.

Terminata l'ultima strofa, il Venerabile e tutta l'Assemblea bevono colle formalità ordinarie alla salute di tutti i Liberi Muratori, che sono sparsi sulla faccia della terra; e quando l'esercizio è finito, il Venerabile intuona la strofa seguente:

---

(16) Zorobabele mantenne così bene la uguaglianza fra il popolo di Israele, che i Muratori, che lavoravano alla riedificazione del Tempio, e i generali che li difendevano contro i Luogotenenti di Artaserse, viveano insieme senza distinzione, e riguardavano come fratelli tutti gli Israeliti di ogni condizione, e si avea cura di associare ai banchetti comuni tutti quelli, che erano tornati dalla schiavitù.

Stringiamoci a coorte,

Amiamoci, o Fratelli,

Sien grazie alla sorte

Che insieme ci unì.

Alla virtude

Mentre si chiude – il Tempio, aprasi il cor.

La santa legge

Che ognun qui regge – è inalterato Amor.

Finito il cantico, il Venerabile fa le tre domande seguenti, che sono le sole, che debbono chiudere la Loggia di Masticazione:

D. Fratello primo e secondo Sorvegliante: tutti i Fratelli sono essi all'ordine?

R. Lo sono, o Venerabile.

D. Che ora abbiamo?

R. Mezzanotte in punto.

D. Quanti anni avete?

R. Tre anni.

Ven. In grazia dell'ora e dell'età, ecc.

Il resto si fa come è prescritto per la chiusura della Loggia di primo grado.

Appendice

——————— ———————

IL RICEVIMENTO DI APPRENDISTA
NELLA GUIDE DES MAÇONS ÉCOSSAIS (1821)
E NEL RITUALE ITALIANO (1862)

GUIDE DES MAÇONS ÉCOSSAIS (1821)

Mentre il candidato entra, il Fratello Terribile gli posa la punta della spada sul petto, e gliela fa sentire.

Ven. Cosa sentite? Cosa vedete?

Profano Io non vedo nulla, ma sento la punta di una arma.

Ven. Sappiate che l'arma della quale sentite la punta è l'immagine del rimorso che vi deve lacerare il cuore, se mai diveniste un traditore verso la società nella quale voi volete avere la felicità di entrare; e che lo stato di cecità nel quale vi trovate rappresenta quello nel quale è immerso ogni uomo che non conosca i sentieri della virtù nei quali voi state per cominciare a camminare.

Ven. Che cosa chiedete, Signore?

Prof. Chiedo di essere ricevuto Muratore.

Ven. E' di vostra propria volontà, senza esserne costretto e senza esserne subornato, che vi presentate?

Prof. Si, signore. *(Gli si suggerisce questa risposta, se lo si ritiene necessario)*

Ven. Riflettete bene sulla vostra richiesta, signore. Voi state per affrontare delle prove terribili che esigono tutta la fermezza della quale il carattere più deciso può essere capace. Siete ben determinato a subirle? Vi sentite il coraggio di sprezzare i pericoli ai quali la vostra indiscrezione potrebbe esporvi?

Prof. Si, signore.

Ven. Poiché è così, io non rispondo più di voi.

Fratello Terribile, trascinate questo profano fuori dell'atrio del tempio, conducetelo là dove deve passare ogni mortale così temerario da presentarsi in questa augusta aula.

Gli si fanno fare due o tre giri nell'atrio. Si aprono

RITUALE ITALIANO (1862)

Terr. (*Lo conduce in mezzo alle due Colonne, quindi gli appoggia la punta della Spada alla mammella sinistra*).

Ven. Che sentite, o che vedete voi?

Profano Non veggo nulla, ma sento la punta di un'arma.

Ven. Sappiate che l'arma, onde voi sentite la punta, è l'immagine del rimorso, che strazierebbe il vostro cuore, se mai vi toccasse la sventura di tradire il consorzio, in cui cercate di entrare; e che lo stato di cecità in che vi trovate raffigura le tenebre, in cui è immerso l'uomo, che non ha peranco ricevuta l'iniziazione Massonica.

Rispondete, o signore: vi presentate voi qui senza esservi costretto...? senza suggestioni...? liberamente?

Prof. Sì, signore.

Ven. Riflettete bene al passo, che voi fate. Voi dovete subire delle prove terribili Avete voi cuore di affrontare i gravi pericoli, a cui potete essere esposto?

Prof. Sì, signore.

Ven. Se così è, io non rispondo più di voi... Fratello Terribile, traete questo profano fuori del Tempio, e conducetelo pertutto, ove ha da passare un mortale, che brama conoscere i nostri secreti.

GUIDE DES MAÇONS ÉCOSSAIS (1821)

silenziosamente i due battenti, si piazza il quadro di fronte, si conduce il Candidato davanti e vicinissimo al quadro in carta e si esegue l'ordine del Venerabile:

Precipitate questo profano nella caverna.

Due fratelli spingono con forza il candidato e altri due con le braccia allacciate lo tengono. Si chiudono i due battenti con forza e si osserva per un istante il più grande silenzio.

Il Fratello Terribile conduce il candidato tra i Sorveglianti e rimane al suo fianco.

Il Venerabile batte un colpo di maglietto e dice:

Conducete il candidato presso il Secondo Sorvegliante e fatelo inginocchiare. Profano, prendete parte alla preghiera che noi stiamo per indirizzare a vostro favore all'autore di tutte le cose.

Miei fratelli, umiliamoci di fronte al sovrano arbitro dei mondi; riconosciamo la sua potenza e la nostra debolezza, manteniamo i nostri spiriti e i nostri cuori entro i confini dell'equità e, camminando lungo vie sicure, eleviamoci fino a lui. Egli è uno, esiste per sé stesso, è a Lui che tutti gli esseri devono la loro esistenza. Egli opera in tutto e attraverso tutto. Invisibile agli occhi dei mortali, vede tutte le cose; Lui io invoco, a Lui io indirizzo i miei voti e le mie preghiere. Degnati, Grande Architetto! degnati, ti scongiuro, di proteggere gli operai di pace che io vedo riuniti qui; scalda il loro zelo, fortifica la loro anima nella lotta affaticante contro le passioni, infiamma i loro cuori con l'amore delle virtù e decidi il loro successo, così come quello di questo nuovo aspirante che desidera partecipare ai nostri augusti misteri! Presta a questo candidato la tua assistenza e sostienilo con le tue braccia possenti, nel mezzo delle prove che sta per subire! Amen.*Ven.* Profano, in chi poni la tua fiducia?

RITUALE ITALIANO (1862)

[Venerabile]

Fratello Terribile, conducete il Profano presso il secondo Vigilante, e fatelo inginocchiare *(ciò eseguito, continua)*. Profano: pigliate parte alla preghiera, che noi stiamo per alzare all'Autore di ogni cosa, in vostro favore.

Fratelli miei! umiliamoci dinanzi al Sovrano Architetto dei mondi; riconosciamo la sua possanza e la debolezza nostra. Teniamo i nostri cuori e gli animi nostri nei limiti dell'equità, e sforziamoci colle opere nostre d'innalzarci fino a lui. Egli è santo, egli esiste per se stesso, ed è per lui che ogni cosa creata esiste. Egli si rivela in tutto e dovunque; egli vede e giudica ogni cosa. Degnatevi, o Grande Architetto dell'Universo, di proteggere gli Operai della pace che son riuniti in questo Tempio. Accendete il loro zelo, fortificate gli animi loro nella lotta delle passioni, infiammate il loro cuore coll'amore della virtù, date loro l'eloquenza e la perseveranza necessaria per far amare il vostro Nome, osservare le vostre leggi, ed estendere il vostro regno. Prestate a questo Profano la vostra assistenza, e sostenetelo col vostro braccio protettore nelle prove, che sta per subire. Amen!

I Fratelli rispondono Amen!

Ven. Profano: in chi riporrete voi la vostra fiducia?

GUIDE DES MAÇONS ÉCOSSAIS (1821)

Prof. In Dio.

Ven. Poiché poni la tua fiducia in Dio, segui con passo ardito la mano che ti guida e non temere alcun male.

Il Venerabile batte un colpo. I Sorveglianti rispondono. Tutti si siedono in silenzio.

Ven. Signore, prima che questa assemblea, della quale non sono che l'organo, voglia ammettervi alle prove, essa deve sondare il vostro cuore, interrogando il vostro spirito sui primi principi della morale.

Ven. Credete in un essere supremo?

Prof. (Il candidato risponde affermativamente).

Ven. Questa fede, che fa onore al vostro cuore, non è solo condivisa dal filosofo, ma anche dall'uomo selvaggio; il quale da quando può comprendere di esistere, sente che non esiste per sua propria volontà; chiede di suo padre a tutta la natura e il silenzio della natura muta lo conduce ai piedi dell'ordinatore dei mondi; ed è a lui che rende omaggio con le cerimonie più puerili e più ridicole.

Che cosa intendete con la parola virtù?

Prof. (Gli si lascia dare la risposta che ritiene migliore).

Ven. E' una disposizione dell'anima che porta a fare il bene. Che cosa intendete con la parola vizio?

Prof. (Lo si lascia rispondere)

Ven. E' l'opposto della virtù... E' una abitudine sfortunata che conduce verso il male; ed è per gettare un freno salutare sullo slancio impetuoso della cupidigia, è per elevarci al di sopra dei vili interessi che tormentano il debole profano, è per calmare l'ardore febbricitante delle passioni,

RITUALE ITALIANO (1862)

Prof. In Dio.

Ven. Se voi riponete la fiducia vostra in Dio, seguite con passo sicuro la vostra guida, e non temete alcun pericolo.

Terr. (Rialza il Profano e lo conduce fra le Colonne),

Ven. Signore: prima che quest'Assemblea vi ammetta alle prove, egli è bene che voi la facciate sicura che non siete indegno d'aspirare alla rivelazione dei misteri, ond'essa tiene il prezioso deposito. Vogliate dunque rispondere alle domande, che io vi farò in suo nome.

Terr. (Fa sedere il Candidalo saprà una sedia irta di asprezze e zoppa d'un piede, e ciò per vedere fino a qual punto il disagio fisico influisce sulla lucidezza delle sue idee.)

Ven. (Gli fa una serie d'interrogazioni, onde risulti: quali siano le opinioni del Candidato intorno all'esistenza di Dio; alla unità della natura umana; all'uguaglianza degli uomini, che ne consegue; ai reciproci loro diritti e doveri; alla natura dei varii consorzii umani; ai loro mutui doveri e diritti; alla libertà degli individui e alla indipendenza, che è la libertà delle Nazioni; alla tolleranza delle opinioni politiche e religiose, che debb'essere fra tutti gli uomini onesti, ed altre cotali. Poi soggiunge:

GUIDE DES MAÇONS ÉCOSSAIS (1821)

che ci riuniamo in questo tempio. Qui, noi lavoriamo senza sosta per abituare il nostro spirito a non dedicarsi che a grandi cose e a non concepire che solide idee di gloria e di virtù; infatti solo regolando in questo modo i nostri costumi, sulla base dei principi eterni della sana morale, arriviamo a dare alla nostra anima quel giusto equilibrio di forza e di sensibilità che costituisce la saggezza, o piuttosto la scienza della vita. Ma questo lavoro è faticoso. Tuttavia è quello al quale sarete obbligato a dedicarvi, se voi persisterete nell'intenzione che avete manifestato di farvi ricevere Muratore. Voi portate qui, forse, idee del tutto differenti, se è solo a partire da idee grossolane e bugiarde di un volgare ignorante che voi vi presentate qui. E se lavorare costantemente alla vostra perfezione morale vi sembra un'opera al di sopra delle vostre forze, potete ritirarvi.

Persistete nell'intenzione di farvi ricevere Muratore?

Prof. Si, signore.

Ven. Signore, ogni società ha le sue leggi, ogni associato dei doveri; ma poiché sarebbe imprudente imporsi degli obblighi prima di conoscerli, la saggezza di questa Rispettabile assemblea vuole farvi sapere quali saranno i vostri doveri.

Il primo sarà un silenzio assoluto su tutto ciò che voi avete potuto intendere o scoprire tra noi, così come tutto ciò che ascolterete, vedrete o saprete nel seguito.

Il secondo dei vostri doveri, quello che fa sì che la Muratoria sia il più sacro dei legami, quand'anche essa non fosse la più nobile e la più rispettabile delle istituzioni, quel dovere che ha a che fare con l'essenza del nostro essere, è, come vi ho già detto, di combattere le passioni che disonorano l'uomo e lo rendono così sfortunato, praticare le virtù più

RITUALE ITALIANO (1862)

[Venerabile]
Voi avete risposto a dovere. Tuttavia siete voi pienamente soddisfatto di ciò che avete udito?

Persistete voi nella risoluzione di essere ricevuto fra i Liberi Muratori?

Prof. Signor sì.

Ven. Se così è, vi farò conoscere le condizioni, alle quali sarete ammesso fra noi, se pure uscirete vittorioso dalle prove, che vi restano a subire.

In primo luogo voi contraete l'obbligo di osservare il più assoluto silenzio intorno ai segreti Massonici.

Il secondo vostro dovere sarà quello di combattere quelle passioni, che degradano l'uomo e lo rendono infelice, e di praticare le virtù più dolci e più benefiche. Soccorrere i vostri Fratelli nel pericolo, prevenire i loro bisogni, ed assisterli nella disgrazia; illuminarli coi vostri consigli, quando ei fossero sul punto di errare; incoraggiarli a fare il bene quando se n'abbia

GUIDE DES MAÇONS ÉCOSSAIS (1821)

dolci e più beneficenti, soccorrere il proprio fratello, prevenire i suoi bisogni, alleviare il suo infortunio, assisterlo con il proprio consiglio e le proprie luci....e ciò che sarebbe in un Profano una qualità rara, non è in un Muratore che il compimento dei propri doveri. Ogni occasione di essere utile, della quale non approfitti, è una infedeltà; ogni soccorso che si rifiuti al proprio fratello è uno spergiuro; e se anche la consolante e tenera amicizia ha il suo culto nei nostri templi, lo ha meno in quanto sia un sentimento che non in quanto, essendo un dovere, possa e debba divenire una virtù.

Il terzo dei vostri doveri, del quale non contrarrete l'obbligazione che dopo essere stato ricevuto Muratore, sarà di conformarvi agli statuti generali dell'ordine e alle leggi particolari di questa Loggia e di sottomettervi a tutto ciò che vi sarà prescritto in nome di questa rispettabile assemblea, nella quale sollecitate il favore dell'ammissione..

Ora che conoscete i principali doveri di un Muratore, vi sentite la forza e avete la risoluzione ferma e incrollabile di metterli in pratica?

Prof. Si, signore.

Ven. Prima di andare più lontano, noi esigiamo il vostro giuramento d'onore, ma questo giuramento deve essere compiuto su una coppa sacra. Se voi siete sincero, potrete bere con fiducia, ma se la falsità e la dissimulazione accompagnano la vostra promessa, non giurate... allontanate piuttosto questa coppa e temete l'effetto pronto e terribile di questa bevanda. Acconsentite a giurare?

Prof. Si, signore.

Ven. Fate avvicinare questo aspirante all'altare.

Il Maestro delle Cerimonie lo conduce alla base dei gradini dell'altare.

RITUALE ITALIANO (1862)

occasione. Tale è la condotta che debbe tenere un Libero Muratore.

Il terzo vostro dovere vuol esser quello di uniformarvi agli Statuti generali della Massoneria ed ai particolari della Loggia, e di eseguire tutto ciò, che vi sarà prescritto dalla maggioranza di questa rispettabile Assemblea.

Ora che voi conoscete i principali doveri di un Libero Muratore, credete voi di avere la forza, e siete ben risoluto di praticarli?

Prof. Sì, signore.

Ven. Prima che procediamo oltre, noi esigiamo il vostro giuramento, il quale debb'essere fatto sopra una coppa sacra. Se voi siete sincero, voi potrete berne senza timore; ma se allignasse la falsità in fondo al vostro cuore, non giurate, allontanate piuttosto questa coppa, e paventate l'effetto pronto e terribile della bevanda, ch'essa contiene. Consentite voi a giurare?

Prof. Sì, signore.

Ven. Conducete il Profano presso l'altare.

Terr. (*Lo conduce presso l'Altare*).

GUIDE DES MAÇONS ÉCOSSAIS (1821)

Ven. Fratello Sacrificatore, offrite a questo aspirante la coppa sacra così fatale agli spergiuri.

Il Fratello Sacrificatore porta una coppa nella quale c'è dell'acqua, e osserva quando il Venerabile gli faccia segno di dare da bere all'aspirante; deve anche avere un poco di liquore molto amaro in una bottiglietta che versa quando il Candidato abbia bevuto tutta l'acqua.

Ven. Ripetete con me la vostra obbligazione.

Io mi impegno al silenzio più assoluto su tutti i tipi di prove alle quali sarà consegnato il mio coraggio. Se io dovessi tradire i miei giuramenti e mancare ai miei doveri; se fosse lo spirito di curiosità a condurmi qui *(il Venerabile fa segno al sacrificatore di dargli la coppa)* io consento che la dolcezza di questa bevanda *(si versa il liquore amaro)* si cambi in amarezza e che il suo effetto salutare si rivolti verso di me in veleno sottile *(gli si fa bere quello che rimane nella coppa)*.

Il Venerabile batte un gran colpo ripetuto dai fratelli Sorveglianti e dice:

Ven. Che cosa vedo! Signore, percepisco in voi qualche alterazione. La vostra coscienza smentirà dunque le assicurazioni della vostra bocca? e la dolcezza di questa bevanda si è già cambiata in amarezza? Allontanate questo profano.

Lo si conduce tra i Sorveglianti e lo si fa sedere.

Se avete avuto il progetto di ingannarci, Signore, il male non è senza rimedio, per voi; potete benissimo ritirarvi. Io scarto tuttavia la triste idea che voi possiate mai rendervi indegno della opinione che abbiamo concepito di voi.

RITUALE ITALIANO (*1862*)

Ven. Fratello Sacrificatore: presentate al Profano la sacra coppa così fatale agli spergiuri

Terr. Mette nelle mani del Profano una coppa a doppio scompartimento, girante sopra un pernio verticale. Nell'uno degli scompartimenti è dell'acqua, nell'altro qualche liquore amaro.

Ven. Profano: ripetete meco il vostro giuramento.

Io mi impegno all'osservanza stretta e rigorosa dei doveri prescritti ai Liberi Muratori, e se mai violassi il mio giuramento *(qui il Fratello Terribile gli fa bere un sorso, poi ponendogli la mano quasi per impedirgli di proseguire, fa girare la coppa sul pernio in modo da volgere verso al labbro del Profano lo scompartimento della pozione amara)* io consento che la dolcezza di questa bevanda si muti per me in sottile veleno.

Terr. (Fa bere il Candidato allo scompartimento del liquore amaro).

Ven. (Battendo un gran colpo col Maglio dice con voce forte) Che veggo, o signore? Che significa l'alterazione che mostrale nel volto? Che la coscienza smentisca l'affermazione della vostra bocca? e la dolcezza di questa bevanda si fosse volta in amaro? Allontanate il Profano.

Terr. (Conduce il Profano fra le Colonne).

Ven. Se voi credete ingannarci, non isperate mai di riuscirvi: il seguito delle prove ce lo mostrerebbe troppo chiaramente.

Meglio sarebbe, o signore, che vi ritiraste mentre ne siete in tempo; poiché a momenti sarebbe tardi. Se noi acquistassimo mai la certezza della vostra perfidia, vi bisognerebbe rinunciare a veder più la luce. Meditate adunque seriamente su quello, che vorrete fare.

GUIDE DES MAÇONS ÉCOSSAIS (1821)

Ma io non posso tacere ancora per molto una cosa: per entrare nella nostra società, e darci la certezza della vostra vocazione, dovrete subire grandi prove. Senza dubbio voi avete sentito parlare di queste prove nel mondo profano; ma qualunque idea vi siate fatto, quello che vi attende la supera di molto. Pensateci, signore, il momento si avvicina e una volta impegnato in queste prove, voi non potrete più sottrarvi... Se non vi sentite la forza di sopportarle, chiedete di ritirarvi; avete ancora il tempo.

Il candidato risponde che persiste.

Il Venerabile batte un colpo di maglietto, ripetuto dai Sorveglianti, e dice a alta voce:

Ven. Fratello Terribile, impadronitevi di questo profano; fatelo sedere sulla sedia delle riflessioni.

Il Fratello Terribile si impadronisce con violenza di lui, gli fa fare una piroetta facendolo sedere al banco delle riflessioni.

Ven. Che sia lasciato alla sua coscienza; che l'oscurità che copre i suoi occhi, che l'orrore di una silenziosa solitudine, siano i suoi soli compagni.

Si tiene il più grande silenzio.

Dopo qualche istante, il Venerabile continua:

Ven. Avete voi ben riflettuto, Signore, sulle conseguenze del vostro passo? Per l'ultima volta io vi avverto che, sebbene siano misteriose e emblematiche, le nostre prove non sono meno terribili, e tali che molti non sono sopravvissuti. Allora, dite voi stesso la vostra decisione... Volete tornare al mondo profano o persistete a farvi ricevere Muratore?

Il candidato risponde: Si, signore, persisto.

RITUALE ITALIANO (1862)

Fratello Terribile *(batte un gran colpo di Martello)*: pigliate questo Profano e fatelo sedere sulla Sedia delle Riflessioni.

Terr. (Eseguisce l'ordine con isgarbo),

Ven. Ch'egli rimanga solo colla sua coscienza, e che alle tenebre in che sono immersi i suoi occhi, s'aggiunga l'orrore di un'assoluta solitudine *(tutti gli astanti osservano per alcuni minuti un silenzio assoluto).*

Ven. Ebbene, signore? avete voi riflettuto a qual partito vi convenga appigliarvi? Vi ritirate voi, oppure persistete a voler affrontare le prove?

Prof. Io persisto.

GUIDE DES MAÇONS ÉCOSSAIS (1821)

Il Venerabile batte un colpo di maglietto che i Sorveglianti ripetono e dice:

Ven. Fratello Terribile, impadronitevi di questo profano e fategli fare il primo viaggio. Fate del vostro meglio per riportarlo indietro senza incidenti.

Il Fratello Terribile gli fa fare il primo viaggio e lo riporta tra i Sorveglianti.

Nel primo viaggio, la guida batte tre colpi sulla spalla del Secondo Sorvegliante, il quale si alza e dice: Chi va là?

Il Fratello Terribile risponde:

Terr. E' un profano che chiede di essere ricevuto Muratore.

2 Sorv. Come ha osato sperarlo?

Terr. Perché è nato libero e è di buona reputazione.

2 Sorv. Poiché è così, che passi.

Lo si riconduce tra i due Sorveglianti. Il Secondo Sorvegliante batte un colpo e dice:

2 Sorv. Fratello Primo Sorvegliante, il primo viaggio è finito.

Il Primo Sorvegliante batte un colpo e dice:

RITUALE ITALIANO (1862)

Ven. Fratello Terribile: fate fare al Profano il suo primo viaggio, e procacciate di salvarlo da ogni disgrazia.

Terr. (Eseguisce l'ordine avuto. Il Candidato sotto la sua direzione fa tre volte il giro della Loggia, cammina sopra tavolati mobili posti sopra cilindri, e coperti di asperità, e che si muovono sotto i suoi piedi. Altre volte sale per tavolati ad altalena, che ad un tratto gli mancano sotto, e sembrano condurlo in un precipizio. Sale molti gradini di una scala perpetua, e, come gli paia esser salito ad una grande altezza, gli si comanda di gittarsi abbasso, e cade a due piedi d'altezza. Durante questo tempo varii cilindri di latta pieni di sabbia, girando sopra se stessi per mezzo di un manubrio, imitano il rumore della gragnuola; altri cilindri strisciando nel loro girare una stoffa di scia fortemente tesa, imitano il fischiare del vento; dei fogli di latta sospesi alla volta, per un capo, violentemente agitali, simulano il rombo del tuono e lo scoppio del fulmine lontano.

In questo mentre il 2° Sorvegliante appoggiando il suo Maglio sul petto del Candidato, gli grida forte): Chi va là?

Terr. Egli è un Profano, che chiede d'esser iniziato.

2 Sorvegliante Come osa egli sperarlo?

Terr. Perché egli è uomo libero e morigerato.

2 Sorv. Quando è così, passi.

GUIDE DES MAÇONS ÉCOSSAIS (*1821*)

1 Sorv. Venerabile, il primo viaggio è finito.

Ven. Bene signore; come vi sentite dopo questo primo viaggio?

Il Candidato risponde.

Ven. Signore, le nostre prove, come vi dissi, sono misteriose e emblematiche; che cosa avete notato in questo viaggio? Quali riflessioni morali vi ha fatto fare? Infine, quale emblema si è presentato alla vostra immaginazione?

Gli si da il tempo di rispondere; poi il Venerabile gli fornisce questa spiegazione:

Ven. Questo primo viaggio, signore, è l'emblema della vita umana; il tumulto delle passioni, lo scontro dei diversi interessi, la difficoltà delle imprese, gli ostacoli che si moltiplicano sotto i vostri passi sono dei nemici impegnati a scoraggiarvi. Tutto ciò è rappresentato dal rumore e dal chiasso che hanno colpito le vostre orecchie e dalla rudezza della strada che avete percorso.

Volete affrontare i pericoli del secondo viaggio?

Prof. Si, signore.

Ven. Fratello Terribile, fategli fare il secondo viaggio.

Si fanno le stesse cerimonie che per il primo viaggio, ci si ferma dal Primo Sorvegliante come si è fatto per il Secondo.

RITUALE ITALIANO (1862)

Ven. Profano: siete voi disposto a fare un altro viaggio?

Prof. Sì, signore.

Terr. (Lo conduce, pel secondo viaggio. Il Profano in questo non incontra alcun ostacolo sul suo cammino. Il solo rumore, ch'egli ode, è un clangore di ferri percossi l'un contro l'altro.

Com'egli abbia compiuto così tre volte il giro della Loggia, è condotto dal primo Sorvegliante, che gli appoggia, come l'altro, il Maglio al petto e gli grida):

1 Sorv. Chi va là?

Terr. Un Profano che domanda l'iniziazione ai nostri misteri.

1 Sorv. Come osa sperarlo?

Terr. Per esser uomo libero e morigerato.

GUIDE DES MAÇONS ÉCOSSAIS (*1821*)

Ven. Voi avete superato grandi difficoltà: questo è un presagio felice per il seguito di quelle che vi rimangono. In questo momento dovete raccogliere tutte le forze della vostra anima, se non sono già esaurite. Se, contro le mie previsioni, voi finirete con il soccombere in questo terribile e pericoloso viaggio, noi piangeremo sulla vostra sorte e compatiremo la vostra disgrazia, sinceramente spiaciuti che tanto zelo e tanta costanza non abbiano avuto successo.

Fategli fare il terzo viaggio.
Si fanno le stesse cerimonie che durante gli altri due viaggi.

Questa volta ci si ferma di fronte al Venerabile e si usano le stesse domande e risposte.
Ven. Chi va là?
Terr. E' un profano che chiede di essere ricevuto Muratore.
Ven. Come ha osato sperarlo?
Terr. Perché è nato libero, e è di buona reputazione.
Ven. Se è così, che passi attraverso le fiamme della purificazione, affinché non rimanga in lui niente di profano.
Gli si fa fare il terzo viaggio attraverso le fiamme; lo si riconduce tra le due colonne e si annuncia il compimento come negli altri viaggi.
Ven. I vostri viaggi sono fortunatamente terminati, e non saprei lodare abbastanza il vostro coraggio; ma che quello non vi abbandoni: non siete ancora alla fine dei vostri

RITUALE ITALIANO (1862)

1 Sorv. Se è così, passi.

Ven. Profano: vi sentireste voi disposto ad un terzo viaggio?

Prof. Sì, signore.

Ven. Fratello Terribile: conducetelo al terzo viaggio.

Fr. Terr. (*Conduce per mano il Profano nel suo terzo viaggio, che, come i precedenti, consta di tre giri intorno alla Sala. In questo mentre, regna nella Loggia il più profondo silenzio.*

Terminali i tre giri il Profano è condotto all'Oriente alla destra del Venerabile che appoggiandogli il Maglietto sul petto grida):

Ven. Chi va là?

Terr. Un Profano, il quale vorrebbe l'iniziazione ai nostri lavori.

Ven. Come osa egli sperarlo?

Terr. Perché è uomo libero e di buoni costumi.

Ven. Come è cosi, fatelo passare per le fiamme della purificazione, perché nulla più rimanga in lui di Profano.

Terr. (*Mentre il Profano si reca fra le due Colonne, lo avviluppa tre volte di fiamme*)

Ven. Profano: i vostri viaggi sono felicemente terminati. Voi siete stato purificato, dalla terra, dall'aria, dall'acqua e dal fuoco. Io non ho che a lodare il vostro coraggio. Badate

GUIDE DES MAÇONS ÉCOSSAIS (*1821*)

lavori; quelli che dovete ancora portare a termine, benché di altro genere, non sono che più difficili. L'Ordine nel quale voi sollecitate l'ingresso potrà forse esigere da voi che voi versiate fino alla ultima goccia del vostro sangue. Se vi sentite il coraggio di offrirvi in olocausto, dovete darne assicurazione; ma non con delle promesse verbali. Sarà con il vostro proprio sangue versato oggi che tutte le vostre promesse dovranno essere sigillate. Vi consentite?

Prof. Si, signore.

Ven. In quale parte del corpo consentite che vi sia aperta la vena?

Prof. (Risponde ciò che preferisce)

Ven. Fratello Chirurgo, fate il vostro dovere; comunque proporzionate la grandezza del sacrificio allo stato di forze di questo aspirante; la loggia si rimette alla vostra saggezza e alla vostra prudenza.

Si prende tutto l'armamentario come per prelevare il sangue. Lo si punge con uno stuzzicadenti e un fratello con una piccola caraffa per caffè, il cui tubo è molto piccolo, versa, in piccolo filetto, dell'acqua tiepida sulla puntura.

Quando ciò è finito:

Ven. Ogni passo che avete compiuto sul percorso che avete intrapreso, è stato marcato da successi e fin qui avete trionfato di ogni ostacolo; ma non siete ancora arrivato alla fine delle vostre prove. Ogni Profano che si faccia ricevere Muratore cessa di appartenere a se stesso; egli appartiene ad un Ordine che è sparso su tutte le parti della terra. Ma

RITUALE ITALIANO (1862)

però che questo non vi abbandoni, poiché vi restano altri cimenti a superare. La Società, nella quale chiedete essere ammesso, potrebbe richiedere che voi versaste fino all'ultima stilla di sangue. Ci sareste voi disposto?

Prof. Sì, signore.

Ven. Ho molto caro che cosi sia, poiché, rammentate bene, che se l'Assemblea in mezzo alla quale vi trovate, non è disposta, come potete ben credere, a torvi la vita; ben può darsi il caso che voi abbiate ad arrischiarla per salvare un Fratello, o per non tradire la Società, che vi avrà affidato i suoi segreti.

Nel momento di pericolo ricordatevi d'esser stato disposto a dare il vostro sangue a richiesta dei Fratelli, senza pur chiederne la ragione.

Ora sappiate ancora che i Fratelli appartenenti al

GUIDE DES MAÇONS ÉCOSSAIS (1821)

perché la Muratoria aiuti un Muratore ad essere riconosciuto come tale, in qualunque luogo porti i suoi passi e qualunque sia la differenza di lingua, esiste in tutte le logge dell'universo un sigillo inciso di caratteri geroglifici conosciuto dai soli veri Muratori, il quale, applicato sul corpo dopo essere stato reso rovente, vi imprime un marchio incancellabile. Consentite a ricevere questo segno glorioso e a poter dire, mostrandolo, anche io sono un Muratore?

Si spegne una candela e si applica la parte calda sul braccio.

Ven. Ecco, signore, il momento di mettere in pratica il secondo dei vostri doveri; noi abbiamo in questa loggia dei Muratori sfortunati, delle vedove e degli orfani che assistiamo quotidianamente. Io sto per incaricare presso di voi un fratello al quale vorrete dire a bassa voce che cosa voi destinate al sollievo di questi sfortunati; perché è necessario sappiate che gli atti di beneficenza dei Muratori, non essendo gesti di ostentazione e di vanità, adatti a inorgoglire colui che dona come a umiliare colui che riceve, devono sempre essere seppelliti nel segreto.

(Se l'Offerta è generosa) Non mi attendevo meno, signore, dal vostro buon cuore; la Rispettabile Loggia, attraverso di me, vi testimonia tutta la sua gratitudine. Voi potete anche contare su quella di questi sfortunati dei quali avete contribuito ad addolcire la sorte.

(Se l' Offerta è modesta) Signore, il denaro della vedova donato di buon cuore all'indigente è tanto gradito al Grande Architetto dell'Universo quanto la moneta d'oro del ricco; il vostro dono è ricevuto e accettato con la più viva riconoscenza.

Voi raccoglierete presto, Signore, il prezzo della vostra fermezza nelle prove e dei sentimenti così graditi al Grande

RITUALE ITALIANO (1862)

nostro consorzio, portano impresso per mezzo del ferro rovente sul petto il suggello mistico , a cui tutti si riconoscono. Sareste voi contento di portarlo?

Prof. Sì, signore.

Ven. Ebbene: così sia.

Terr. (Spegne una candela e gli applica al petto la parte ancor calda, per fargli credere d'esser tocco da ferro rovente. Si può ancora scaldare alla fiammella di una candela convenientemente un vero suggello e applicarglielo).

Ven. Profano: io v'invito ora a dire quale somma voi destinate di pagare alla Cassa dei Fratelli indigenti. Voi lo direte all'orecchio del Fratello Ospitaliere, perché il Libero Muratore non debbe far pompa in pubblico del bene, che egli fa. Voi baderete a farla tale che non vi dimostri né avaro, né prodigo , e la pagherete a sua richiesta.

Ospitaliere (Si reca dal Profano e ne riceve all'orecchio la risposta)

Ven. In breve, o signore, voi raccoglierete il frutto della fermezza vostra nelle trascorse prove, e dei sentimenti, che

GUIDE DES MAÇONS ÉCOSSAIS (1821)

Architetto dell'Universo, quelli della pietà e della beneficenza che avete manifestato or ora. Fratello Maestro delle Cerimonie, affidate il candidato al Fratello Primo Sorvegliante, affinché gli insegni a fare il primo passo nell'angolo destro di un quadrato lungo; poi lo farete arrivare all'altare dei giuramenti per prestare la sua obbligazione.

Il Venerabile batte un colpo e dice:
Ven. Silenzio, in piedi e all'ordine, miei fratelli; il nuovo iniziato sta per prestare il giuramento terribile.

Ven. Ripetete con me la vostra obbligazione solenne.
Io giuro e prometto, di mia libera volontà, in presenza del Grande Architetto dell'Universo, che è Dio, e di questa rispettabile assemblea di Muratori, solennemente e sinceramente, di non rivelare mai alcuno dei misteri della Libera Muratoria che stanno per essermi confidati, se non a un giusto e legittimo fratello, o in una loggia regolarmente costituita; di non mai scriverli, tracciarli, inciderli o

RITUALE ITALIANO (1862)

voi avete mostrato, di pietà e di beneficenza tanto grati al Sommo Architetto dell'Universo. Fratello Ceremoniere: consegnate il Candidato al primo Sorvegliante, perché gl'insegni a fare il primo passo nell'angolo di un rettangolo. Voi stesso gli farete fare gli altri due, e lo condurrete all'Ara dei giuramenti.

1 Sorv. (Riceve il Profano dal Maestro delle Ceremonie e gli insegna a fare i passi d'Apprendista. Questi si fanno disponendo i piedi in guisa da formare una squadra col tallone del piè dritto contro quello del sinistro: quindi avanzando il piè dritto un passo e facendolo raggiungere dal sinistro in guisa da pigliare la prima posizione. Questa operazione tre volte ripetuta, costituisce ciò che si dice i passi d'Apprendista. Terminati i passi, il Maestro delle Ceremonie lo conduce all'altare del Venerabile, lo fa porre in ginocchio, gli pone la punta del Compasso al petto, e gli fa porre la sinistra sopra la lama di una Spada)

Ven. (Battendo un colpo di Martello sull'altare) In piedi e all'ordine, o Fratelli: che il Neofito si appresta al giuramento terribile.

I Fratelli si alzano, prendono una Spada, e si tengono durante il giuramento, all'ordine.

Il Venerabile fa ripetere al Neofito il giuramento seguente:

Giuro e prometto sopra gli Statuti generali dell'Ordine e sopra questa Spada simbolo dell'onore, davanti al Grande Architetto dell'Universo, che è Dio, di serbare inviolabile segreto su tutto ciò, che mi sarà confidato da questa Rispettabile Loggia, come pure su tutto ciò, e che avrò veduto fare o inteso dire. Prometto di non mai scriverlo, delinearlo, inciderlo, o scolpirlo, o palesarlo altrimenti, quando non ne

GUIDE DES MAÇONS ÉCOSSAIS (1821)

bulinarli, né di formare alcun carattere attraverso il quale i segreti possano essere svelati, sotto pena di avere la gola tagliata, la lingua strappata, e di essere sepolto nella sabbia del mare, affinché il flusso e il riflusso mi trasportino in un eterno oblio. Amen

Il candidato bacia tre volte la Bibbia.

Il Fratello Maestro delle Cerimonie riconduce il candidato tra i Sorveglianti o piuttosto [nella stanza] dei passi perduti.

Si spengono le luci senza rumore; si piazzano all'ingresso dell'oriente due terrine piene di resina, una per ogni parte. Un fratello scapigliato si distende nel mezzo, faccia a terra, come se fosse morto. Tutti i fratelli si armano di spade sfoderate; sono in piedi, le spade dirette verso il Candidato.

Il Venerabile discende dal trono e si mette a fianco e batte tre colpi di maglietto. Al primo colpo, il Maestro delle Cerimonie scioglie il primo nodo del fazzoletto, al secondo il secondo, al terzo il terzo e ultimo nodo.

Ven. Queste luci pallide e lugubri sono i tetri fuochi che devono illuminare la vendetta che noi riserviamo ai deboli che spergiurano. Queste spade dirette contro di voi sono portate da altrettanti nemici irreconciliabili, pronti a immergerle nel vostro seno, se mai foste così sfortunato da violare i vostri giuramenti. In qualunque luogo della terra vi osaste rifugiarvi, non potrete trovare asilo, portando con voi il marchio del vostro crimine. La notizia della vostra

RITUALE ITALIANO (1862)

abbia ricevuto licenza espressa, e nella maniera, che mi sarà indicata. Prometto di amare i miei Fratelli, e di soccorrerli secondo le mie facoltà. Prometto inoltre di uniformarmi agli Statuti ed alle Regola di questa Rispettabile Loggia. Consento, se divengo spergiuro, di avere la gola tagliata; il cuore e le viscere strappate; il corpo bruciato e ridotto in polvere, e che le mie ceneri siano gettate al vento, e la mia memoria sia in esecrazione a tutti i Liberi Muratori della terra: così il Grande Architetto mi aiuti *(e i Fratelli rispondono)* Amen!

GUIDE DES MAÇONS ÉCOSSAIS (1821)

riprovazione vi avrà anticipato con la rapidità del fulmine; dovunque troverete dei Muratori nemici dello spergiuro e la punizione più terribile vi attenderà. Fratello. Maestro delle Cerimonie, rimettete la benda al candidato.

Si fa uscire il candidato, poi si accendono tutte le candele in modo che il chiarore della loggia contrasti con il buio nel quale era prima. Si ha cura di rimettere la benda al candidato nel sagrato del tempio;

all'ordine del Venerabile, tutti i fratelli si armano di spade che dirigono come la prima volta verso il candidato, ma con la punta bassa, quando è fatto rientrare.

Ven. Fratello Primo Sorvegliante, voi su cui posa una delle colonne di questo tempio, ora che il coraggio e la devozione di questo aspirante l'hanno fatto uscire vittorioso da questo lungo combattimento tra l'uomo profano e l'uomo Muratore, lo giudicate degno di essere ammesso tra di noi?

1 Sorv. Si, Venerabilissimo.

Ven. Che cosa chiedete per lui?

1 Sorv. La grande luce.

Ven. (batte un colpo e dice:) Che sia la luce! *(e aggiunge:)* Sic transit gloria mundi.

Si lascia cadere la benda ai suoi piedi.

Tutti i fratelli devono avere la punta delle loro spade diretta verso il basso, e presentare un volto sereno e amichevole.

Ven. (con dolcezza) Che l'apparato di queste spade cessi di spaventarvi... esse non sono più dirette contro di voi... noi abbiamo ricevuto i vostri giuramenti, noi li crediamo sinceri... il giorno felice della fiducia e dell'amicizia si è infine levato per voi... Non vediate più in noi che dei fratelli

RITUALE ITALIANO (1862)

M. d. Cer. (Conduce il Candidato tra le due Colonne: tutti i Fratelli volgono verso di lui le Spade ignude. Il Fratello Ceremoniere gli sta dietro e scioglie il fazzoletto, che gli benda gli occhi, pronto a farlo cadere ad un cenno del Venerabile. Nello stesso tempo un Fratello tiene davanti al Neofito la lampada a licopodio)

Ven. Fratello primo Sorvegliante: ora che i cimenti superati mostrarono questo Profano dotato di costanza e di coraggio, lo credete voi degno d'essere ammesso fra noi?

1 Sorv. Sì, o Venerabile.

Ven. E che cosa chiedete per esso?

1 Sorv. La luce.

Ven. E che la luce sia! *(Batte quindi tre colpi col Maglietto: al terzo colpo il*

M. d. Cer. toglie la benda dagli occhi al Neofito, e il Fratello, che gli è davanti soffia nel cannello della lampada a licopodio, facendo una fiammata).

Ven. (Volgesi al Neofito) Non temete, o Fratello, quelle Spade, che son volte verso di voi. Esse non minacciano che gli spergiuri. Se voi siete fedele alla Massoneria, come noi tutti speriamo, quelle spade saranno ognor pronte a difendervi; ma se al contrario voi aveste mai a tradirci, nessun angolo

GUIDE DES MAÇONS ÉCOSSAIS (1821)

e degli amici che avete conquistato, pronti a correre in vostro soccorso e a servirsi delle loro armi per la difesa della vostra vita e del vostro onore.

Il Venerabile batte un colpo. Tutti i fratelli lasciano le loro spade e rimangono in piedi e all'ordine.

Ven. Fratello Maestro delle Cerimonie, conducete questo nuovo amico al trono.

Arrivato al trono, il candidato mette un ginocchio a terra.

Il Venerabile posa la punta della spada sulla sua testa e dice:

Ven. Alla gloria del Grande Architetto dell'Universo, sotto gli auspici di...... e per i poteri che mi sono stati conferiti da questa rispettabile loggia, io vi ricevo e costituisco Apprendista Muratore del Rito Scozzese Antico e Accettato e membro di questa rispettabile loggia.

Il Venerabile batte tre colpi uguali sulla lama della spada.

Il neofita si alza, il Maestro delle Cerimonie lo conduce alla destra del Venerabile, il quale nel rivestirlo del grembiule, gli dice:

Ven. Ricevete questo grembiule che noi chiamiamo abito; esso vi da il diritto di sedere tra di noi e voi non dovete mai presentarvi in loggia senza esserne vestito.

Il Venerabile, prende dei guanti da uomo e dice:

Ven. Non macchiate mai il biancore abbagliante di questi guanti, immergendo le vostre mani nelle acque torbide del vizio; essi sono il simbolo della vostra ammissione nel tempio della virtù.

Poi prende dei guanti da donna e dice:

RITUALE ITALIANO (1862)

della terra vi potrebbe sottrarre a quelle Spade vendicatrici *(tutti i Fratelli abbassano le Spade)*. Ceremoniere: conducetelo all'altare.

M. d. Cer. (Conduce il nuovo iniziato all'altare e lo fa porre in ginocchio).

Ven. (Ponendogli la punta della Spada sul capo) A nome del Grande Architetto dell'Universo, ed in virtù dei poteri, che mi sono dati dal Grande Oriente d'Italia e da questa Rispettabile Loggia, io vi creo e costituisco Libero Muratore al grado d'Apprendista, e membro di questa Loggia.

Ciò detto batte tre colpi d'Apprendista col Maglietto sulla Spada:

rialza il nuovo Fratello. Gli dà le insegne del suo grado; quindi gli fa il triplice bacio misterioso sulle guancie e sulla bocca; gli rivela il segno, il tocco, la parola sacra e quella di passo.

GUIDE DES MAÇONS ÉCOSSAIS (1821)

Ven. Questi sono destinati a quella che più amate, persuaso che un Muratore non saprebbe fare una scelta indegna di lui.

Fratello mio, i Muratori hanno per riconoscersi tra loro delle parole, segni e toccamenti.

Il Segno si fa... Questo segno vi ricorda il giuramento che voi avete appena prestato e la punizione che è legata alla sua infrazione criminale.

Il Toccamento si fa...

La Parola Sacra è... Non c'è parola di passo. Dovrete dare la parola sacra al fratello Guardiano del tempio ogni volta che vorrete entrare.

Fratello mio, la Muratoria è conosciuta in tutto l'universo, benché sia divisa in due ritualità, che si distinguono come ritualità antica e ritualità moderna. Tuttavia esse possiedono le stesse basi e gli stessi principi. Noi lavoriamo secondo la ritualità antica o scozzese, perché è la più pura essenza della Muratoria, e perché è la stessa che ci è stata trasmessa dai primi fondatori dell'Ordine.

Ecco quelli che sono in questo momento le parole, i segni e il toccamento del rituale moderno...

l Venerabile abbraccia tre volte il neofita e dice:

Ven. Fratello Maestro delle Cerimonie, conducete il Neofita al fratello Grande Esperto.

Il Venerabile batte un colpo e dice:

Ven. Fratello Grande Esperto, vogliate ricevere le parole, i segni e i toccamenti del Neofita.

L'Esperto li riceve e dice al fratello Secondo Sorvegliante che lo dice al fratello Primo Sorvegliante che lo ripete al Venerabile:

RITUALE ITALIANO (1862)

GUIDE DES MAÇONS ÉCOSSAIS (1821)

1 Sorv. Venerabilissimo, le parole, i segni e i toccamenti sono giusti e perfetti.

Il Venerabile ordina al Candidato di andarsi a rivestire e ritornare subito dopo.

Rientrando in Loggia, il fratello Maestro delle Cerimonie gli insegna a bussare alla porta da Apprendista, gli fa eseguire il passo e lo guida alla pietra grezza, dove lo fa lavorare da Apprendista.

Ven. Fratello Maestro delle Cerimonie, conducete questo Fratello tra le due Colonne. *(indirizzandosi al neofita)* Carissimo Fratello, questo è per voi un giorno di favore e di grazia. Prendete posto alla testa della colonna del Sud, che è quella che occuperete in questo grado. Guadagnate del merito, con la vostra assiduità ai nostri lavori e con la pratica delle virtù Muratorie delle quali vi siete imposto le obbligazioni e delle quali i vostri fratelli vi daranno per primi l'esempio. Guadagnatevi la possibilità di penetrare più profondamente nei nostri misteri e di ricevere quei favori che la Loggia non rifiuta giammai a quelli che sanno rendersene degni.

l Venerabile batte, i Sorveglianti ripetono e egli dice:

In piedi e all'ordine, fratelli miei!

Fratelli Primo e Secondo Sorvegliante, avvertite i Fratelli che decorano le vostre Colonne, che sto per proclamare il Neofita come membro di questa rispettabile Officina.

RITUALE ITALIANO (1862)

Il Fratello Ceremoniere conduce il Neofito fra le due Colonne.

Ven. Fratelli primo e secondo Sorvegliante: annunciate alle vostre Colonne, che il signor .... è costituito Libero Muratore al primo grado simbolico sotto gli auspicii del Grande Oriente d'Italia e membro di questa Rispettabile Loggia, ed invitate tutti i Fratelli a riconoscerlo come tale e a prestargli tutti quegli aiuti, che sogliono fra loro i Fratelli.

RIFERIMENTI BIBLIOGRAFICI

——————— ———————

Fonti dirette

TRAVENOL, LOUIS, (CABANON, LEONARD), *Catéchisme des Francs-Maçons, etc.*, Mortier : Limoges, (1440 après le deluge, ma 1740-44).

GRAND ORIENT DE FRANCE SUPRÈME CONSEIL POUR LA FRANCE ET LE POSSESSIONS FRANÇAISES, *Collection des cahiers des grades symboliques*, Lebon: Paris, 5858 (1858).

Guide des maçons écossais, ou cahier des trois grades symboliques du rite ancien accepté, À Edinbourg, 58**, (Epernay: Warin-Thierry, 1821)?

Guide des maçons écossais, première partie, Orient du Havre (Le Havre): Loge de l'Olivier écossais, 1858.

Guide des maçons écossais, deuxième partie, Orient du Havre (Le Havre): Loge de l'Olivier écossais, 1858.

Le Régulateur du Maçon, Hérèdom, 1801 (ma 1803).

NOVARINO, MARCO, *All'oriente di Torino*, Libreria Chiari: Firenze, 2003

NOVARINO, MARCO, VATRI, GIUSEPPE M., *Uomini e logge nella Torino capitale*, L'Età dell'Acquario: Torino, 2009. (Contiene i testi delle *Costituzioni* e del *Regolamento Generale* della massoneria italiana del 1862).

PERAU, GABRIEL-LOUIS, *L'ordre des Francs-Maçons trahi et le secret des Mopses révélé*, Amsterdam (ma Parigi), 1745.

Rituali Massonici, Valle di Torino/5862 (1862).

VATRI, GIUSEPPE M., *L'origine dei gradi simbolici del Rito scozzese antico e accettato (1804-1805), storia e testi rituali*, L'Età dell'Acquario: Torino, 2009. (Contiene i testi completi della *Guide des maçons écossais* del 1821).

Altri riferimenti.

BAUER, ALAIN, MEYER, GÉRARD, *Le rite français*, Paris: PUF, 2012.

CONTI, FULVIO, *Storia della massoneria italiana, Dal Risorgimento al fascismo*, Bologna: Il Mulino, 2003.

LUZIO, ALESSANDRO, *La massoneria e il Risorgimento italiano*, (Bologna 1925), Bologna: Forni editore, 2005.

MARCOS, LUDOVIC, *Histoire du rite français au XVIII siècle*, Paris: Éditions maçonniques de France, 1999.

MARCOS, LUDOVIC, *Histoire du rite français au XIX siècle*, Paris: Éditions maçonniques de France, 2001.

NOËL, PIERRE, *Guide des maçons écossais, A Édinbourg 58***, Paris: À l'Orient, 2006.

MOLLIER, PIERRE, *Le Régulateur du maçon 1785/«1801»*, Paris: À l'Orient, 2004.

INDICE DEI NOMI
E DEI PERSONAGGI CERIMONIALI

www.ingramcontent.com/pod-product-compliance
Lightning Source LLC
Chambersburg PA
CBHW060356090426
42734CB00011B/2149